Aristóteles

Aristóteles
El maestro de los que saben

Alfredo Marcos

PANAMERICANA
EDITORIAL

Marcos, Alfredo
   Aristóteles / Alfredo Marcos. — Bogotá:
Panamericana Editorial, 2004.
   112 p. ; 21 cm. — (Personajes)
   ISBN 958-30-1440-0
   1. Aristóteles, 384-322 a. C. I. Tit. II. Serie.
921.938 cd 20 ed.
AHU8495

   CEP-Banco de la República-Biblioteca Luis Ángel Arango

Editor
Panamericana Editorial Ltda.

Dirección editorial
Conrado Zuluaga

Diseño, diagramación e investigación gráfica
Editorial El Malpensante

Cubierta: Busto del filósofo griego Aristóteles. Circa 1940.
© Hulton Archive • Getty Images

Primera edición, abril de 2005
© Panamericana Editorial Ltda.
   Texto: Alfredo Marcos
Calle 12 N° 34-20, Tels.: 3603077 — 2770100
Fax: (57 1) 2373805

Correo electrónico: panaedit@panamericanaeditorial.com
www.panamericanaeditorial.com
Bogotá D. C., Colombia

ISBN 958-30-1440-0

Todos los derechos reservados.
Prohibida su reproducción total o parcial
por cualquier medio sin permiso del Editor.

Impreso por Panamericana Formas e Impresos S. A.
Calle 65 N° 95-28, Tels.: 4302110 — 4300355, Fax: (57 1) 2763008
Quien sólo actúa como impresor.
Impreso en Colombia
Printed in Colombia

"La felicidad es una actividad de acuerdo con la virtud".

Aristóteles

En la corte macedonia (384-368 a.C.)

"Garcilaso Buendía, profesor de filosofía". Así se presentó ante nosotros el primer día de curso. El combinado era infame, pero eficaz: no olvidamos ya su nombre. Tampoco pudimos olvidar sus clases apasionantes sobre una materia que tenía fama de difícil. Hasta las ideas más abstractas nos las presentaba como si fuesen cosas vivas. Era un hombre largo y flaco, ya mayor, de una agradable fealdad. Fue él, don Garci, quien nos puso a investigar a Lucía, a Laura y a mí. En realidad puso a investigar a toda la clase. A cada grupo le asignó un filósofo. Nos contó de cada pensador aquello que podía resultar más intrigante o enigmático, más humano y próximo. Y dejó que nosotros hiciéramos el resto.

—Nos quedamos con Aristóteles —dijo Lucía—, ya está decidido.

—Al menos podrías escuchar la opinión de Luis y la mía —protestó Laura—. Creo que ese Aristóteles era un tipo más bien aburrido, siempre metido entre libros o haciendo listados de animales y plantas. Mejor Sócrates, que murió ejecutado injustamente, o Platón, que hasta fue capturado y vendido como esclavo. ¿Qué le ves de interesante a la vida de Aristóteles?

—¡Sólo te fijas en lo más truculento! —replicó Lucía, y la discusión amenazaba con subir de tono— ¿no te basta con que haya sido el inventor de la lógica y de la biología?, ¿te parece poco que haya escrito sobre física, literatura, ética, política...? Es algo así como si las obras de Einstein, de Cousteau y de Umberto Eco las hubiera escrito la misma persona. ¿No crees que merece la pena investigar sobre alguien así? ¿Tú qué dices, Luis?

Yo no tenía el menor interés en decir nada. Sé que en momentos así cualquier cosa que uno diga puede ser utilizada en su contra. Mediar en un desacuerdo entre Lucía y Laura era tarea de alto riesgo. Por suerte, don Garci intervino mientras yo todavía estaba empezando a balbucear no sé qué.

> Filosofía en griego quiere decir amor al saber. Los filósofos antiguos se veían a sí mismos más como buscadores de la sabiduría que como sabios. Seguían en esto el ejemplo de humildad intelectual dado por Sócrates.

—Está bien eso de Einstein, Cousteau y Eco, lo utilizaré en mis clases —comentó don Garci meneando lentamente ante nosotros sus largas manos huesudas—. Pero hay más, es como si esa misma persona hubiera sido también asesor de la Casa Blanca y del Pentágono, y en sus ratos libres crítico de teatro del *New York Times*.

—Sí, muy listo el hombre —continuó Laura—, muy polifacético, pero me sigue pareciendo un tipo aburrido. En su vida no hay ni acción ni pasión.

—Y qué me dirías si nuestro crítico de teatro se hubiera casado con la hija de un importante gobernador —preguntó don Garci—, si te enteraras además de que nuestro asesor tenía una amante de origen incierto, si te dijera que algunos lo relacionaban con el asesinato de Kennedy, que nuestro Einstein hacía tareas de espionaje, que nuestro Cousteau tuvo que huir un par de veces y exiliarse para evitar un proceso, que nuestro Eco vio morir violentamente a varios de sus seres queridos... Acción y pasión ¿no te parece, Laura?

—A ver, a ver, ¿me está diciendo que Aristóteles mató a Kennedy?

—A veces llevamos las comparaciones demasiado lejos —admitió don Garci—. No, sólo digo que en los años posteriores a la muerte de Alejandro Magno llegó a correr el rumor de que Aristóteles estuvo implicado en un complot contra el rey. Aristóteles no podía defenderse ya de esta acusación, pues murió apenas un año más tarde que Alejandro.

—¿Y usted qué cree? —preguntó Laura, y el gesto concentrado de sus ojos negros delataba ya un indudable interés.

—Que es todo muy confuso. A tanta distancia en el tiempo no hay Sherlock Holmes que sea capaz de esclarecer este caso. Ni siquiera sabemos si Alejandro fue asesinado o murió de forma natural.

> Aristóteles fue el creador de la lógica formal. Todavía en tiempos de Kant se pensaba que la lógica había nacido como ciencia de las manos de Aristóteles y que había quedado completada por el trabajo del pensador griego. Aristóteles desarrolló la teoría del silogismo y distinguió diversos tipos; en ellos se cumple que si son verdaderas las premisas, con seguridad sabemos que será verdadera la conclusión. Actualmente sabemos que la lógica aristotélica es sólo una pequeña parte de la lógica formal, que ha conocido un impresionante desarrollo durante los siglos XIX y XX.

—Pero Alejandro era muy joven cuando murió, ¿no? —comentó Lucía.

—Sí, tenía poco más de treinta años, medio mundo en su poder y un montón de enemigos.

—¡Y usted todavía habla de muerte natural! —exclamó Laura—. Vamos, eso fue un asesinato, y no me extrañaría nada que ese Aristóteles estuviese comprometido.

—Bien, si descubres algo sobre el asesinato de "Kennedy" estaré encantado de leerlo —aseguró don Garci con visible sinceridad—. ¡A quién no le interesa el aspecto acción-pasión!

Con Laura irremediablemente lanzada sobre "el aspecto acción-pasión" de la vida de Aristóteles y Lucía encandilada con "el complejo Einstein-Cousteau-Eco", a mí me esperaba una dura tarea de mediación. Peor aún, don Garci esperaba de nosotros nada menos que la resolución del caso Alejandro.

—Datos —sentenció Lucía en nuestra primera reunión de trabajo—. A ver, ¿qué tenemos? Y me refiero a los datos, no a sus alocadas **conjeturas**. ¿Por dónde empezamos?, ¿qué les parece?

—Podemos empezar por el principio —me atreví a sugerir.

—Sí, eso parece lógico —aceptó Lucía pensativa.

—Tengo unas notas tomadas sobre la infancia de Aristóteles —añadí—. Si les parece bien se las leo y podemos comentarlas.

Aristóteles nació en Estagira, en el año 384 a. C. ...

—Y ¿dónde diablos está eso? —interrumpió Laura.

—Pues al norte del mar Egeo, en la península de Calcidia. Actualmente la ciudad se llama Stavros. ¿Puedo seguir?

—Sí, claro.

> **Conjetura.** Juicio o hipótesis verosímil que se forma por indicios o síntomas, sin ninguna certeza ni garantía de verdad. El filósofo contemporáneo Karl Popper afirma que la creación de conjeturas es esencial para el avance de la ciencia.

... Su padre, Nicómaco, era médico, y es posible que también en la familia de Faestis, su madre, hubiese médicos. Los griegos habrían dicho de él que era de familia asclepíada, ya que llamaban Asclepio al dios de la medicina. Probablemente tanto la familia materna como la paterna habían llegado a Estagira como colonos procedentes de las islas de Andros o de Eubea. De hecho, Aristóteles llegó a heredar una casa que su familia materna poseía en Eubea.

—Hasta aquí los datos, Lucía, ahora, si queremos saber algo más sobre su infancia, tenemos que empezar con las conjeturas y las noticias inciertas.

—Bien, si no hay más remedio... Pero procura que sean conjeturas razonables, no alocadas —dijo mirando a Laura.

—Lo intentaré.

Por ser Aristóteles de origen griego y de familia asclepíada, lo más seguro es que tuviese la educación normal de los niños griegos. Es probable que en su primera infancia estuviese a cargo de alguna esclava y que más tarde acudiese a la escuela también de la mano de uno de esos esclavos a los que los griegos llamaban **pedagogos**. Allí aprendería a leer y a escribir, sobre todo con los textos de Homero, así como los rudimentos del cálculo, practicaría la música con la cítara y la flauta, y también algo de dibujo, además de los ejercicios de atletismo y de lucha que se realizaban en el lugar llamado palestra. En su casa, posiblemente, le iniciaron en la medicina, pues la profesión médica se transmitía entonces de padres a hijos.

PEDAGOGOS. Eran los esclavos encargados de llevar a los niños a la escuela, y a veces también de la educación elemental de los mismos.

Algunos afirman que Aristóteles visitó Atenas hacia la edad de ocho años. Pero este dato no es seguro. Puede que acompañase a su padre en algún viaje relacionado con la profesión de éste. Podríamos pensar que Nicómaco intentaba encontrar trabajo como médico en Atenas, pero por alguna razón este plan no cuajó. Parece que en esa época el padre de Aristóteles estaba tratando de abrirse camino profesional en algún lugar más prometedor que Estagira. Lo que sí sabemos es que fue por entonces cuando la familia se trasladó a Pela, donde residía la corte macedonia. Reinaba por entonces en Macedonia Amintas III.

—Tengo una duda: ¿los macedonios eran griegos o no lo eran? —me preguntó Lucía.

—Verás, sí y no. Algunos macedonios, como Aristóteles, eran claramente de origen griego, pero otros no. Los reyes macedonios admiraban la cultura griega, atraían a su corte a artistas y asesores griegos, y ellos mismos se sentían griegos, aunque no pensaban lo mismo de sus súbditos. Algunos reyes macedonios pretendieron unificar bajo su poder todas las ciudades griegas. Por otra parte, el resto de los griegos consideraban a los macedonios como semibárbaros. Algunos griegos estaban dispuestos a colaborar con los reyes macedonios, pero otros los veían como gentes ajenas y amenazantes.

—Está claro... más o menos. Sigue por favor.

—Bien.

En Pela, Aristóteles vivió hasta los diecisiete años. Aproximadamente a esta edad se trasladó a Atenas. Sabemos que en ese momento ya había muerto su padre y probablemente también habían fallecido su madre y su hermano. Lo sabemos porque, ya antes de su traslado a Atenas, Aristóteles fue acogido por su hermana Arimneste y por el marido de ésta, Proxeno. Parece ser que fue Proxeno quien le recomendó viajar a Atenas y ponerse allí en contacto con la Academia de Platón.

—¿Cómo murieron sus padres y hermano? —añadí—, no lo sabemos. Y, por lo que a mí respecta no tengo ni siquiera conjeturas sobre el caso.

—Yo lo sé —dijo Laura saltando casi de la silla—. La clave está en Amintas.

—Me temo, Laurita, —aseveró Lucía con gesto más bien resignado— que acabamos de entrar en el terreno de las conjeturas alocadas.

—Nada de eso, *Luciíta*. A ti no te sonará el tal Amintas, pero yo he estado haciendo averiguaciones y he encontrado algo interesante.

—A ver, canta —retó Lucía.

—Pues resulta que Amintas fue el padre de Filipo de Macedonia, o sea, el abuelo de Alejandro Magno.

—Bueno, ¿y qué?

—Y me he enterado de que el padre de Aristóteles, Nicómaco, ¿recuerdas?, era el médico de Amintas. Para eso se trasladó desde Estagira a Pela, para entrar al servicio de Amintas.

—Sí, eso es un dato confirmado —intervine—, podemos ponerlo en el trabajo.

—Pero es que además —continuó Laura como quien empieza a descubrir un póquer— llevaba una doble vida.

—¡¿Quién?! —preguntamos inevitablemente al unísono Lucía y yo.

—Nicómaco, claro. Parece que el papá de Aristóteles no sólo hacía de médico, sino que también llegó a ser amigo de Amintas y su consejero de confianza. Logró colocar a sus hijos cerca de la corte, de manera que entrasen en contacto con los hijos de Amintas. Así fue como Aristóteles conoció a Filipo, y como ambos se hicieron amigos.

—Eso no es exactamente una doble vida, pero tengo que admitir —concedió Lucía— que suena interesante.

—Aunque no explica todavía la muerte de los padres de Aristóteles —observé.

—O sí lo explica —continuó Laura—, porque imagínense que tras la muerte de Amintas hubo una revuelta en Pela, una especie de golpe de Estado violento. El hijo mayor de Amintas, quien debía sucederle, fue asesinado y Filipo relegado a un segundo plano. En el libro de historia que he consultado dice que esto sucedió en el año cuarto de la Olimpiada 102.

—Así medían los griegos el tiempo —aclaré—. Si no me equivoco, eso equivale más o menos al año 369 ó 368 a.C. según nuestra manera de contar.

—O sea —infirió Lucía—, justo unos meses antes de que Aristóteles saliese hacia Atenas.

—¡Exacto! —exclamó Laura—. ¿No lo ven claro ahora? Los que atentaron contra la familia de Amintas se cargaron también a la familia de Aristóteles. Es lógico, la revuelta, al parecer, fue muy violenta y Nicómaco era hombre de confianza de Amintas. Aristóteles logró salvarse, pero tuvo que salir de Pela para protegerse. Ya tenía diecisiete años, era hijo de un consejero de Amintas y amigo de Filipo: no podía sentirse seguro en Pela. ¿A que encaja todo?

—Hay que reconocer que es ingenioso —aceptó Lucía—, pero no concuerda con lo que yo he leído. Los libros que he consultado dan una versión bastante más prosaica. Dicen sencillamente que murieron los padres de Aristóteles, sin explicar cómo ni por qué, y que éste fue acogido por su hermana mayor. El marido de su hermana, Proxeno, había leído algunos diálogos de Platón y pensó que sería bueno para un muchacho de diecisiete años completar su formación junto a Platón, uno de los más reputados maestros griegos. Ya que Aristóteles no podía seguir estudiando medicina con su padre, Proxeno le aconsejó que viajase a Atenas y se sumase a la Academia platónica.

POSMODERNOS. Pensadores contemporáneos, críticos con algunos aspectos de la Modernidad y partidarios del llamado *pensamiento débil*, con claras inclinaciones relativistas. Entre los más destacados están Jacques Derrida, Gianni Vattimo y Jean François Lyotard. Se inspiran con frecuencia en el pensamiento de Friedrich Nietzsche y Martin Heidegger.

—¿Qué podemos hacer ahora? —pregunté.

—Quiero datos y no conjeturas —nos recordó Lucía.

—Pero Lucía, nuestra vida está llena de conjeturas, hasta los libros de historia lo están —se defendió Laura—, no sabemos nada de manera totalmente cierta, no creo que nadie pueda distinguir tajantemente entre historia y leyenda, entre verdad y ficción. Estamos en plena era de la realidad virtual y tú nos exiges sólo datos. ¿No has oído al profe de física? Nos dijo que para los **posmodernos** la teoría de la relatividad era como una narración más, o algo así, como un relato sobre el Cosmos parecido a los mitos griegos, y tú sigues con el viejo rollo de los datos. Además, todo lo que yo he contado parece verosímil y explica más cosas que tu versión, que además es aburrida.

—Pero más respetuosa con los hechos.

—Los hechos, ¡otro mito! Nadie leería lo que tú llamas hechos; don Garci no llegaría a la tercera página y nuestros compañeros no pasarían de la primera.

—Si les parece bien —se me ocurrió— podemos escribir las dos versiones. Que el lector elija lo que él quiera.

—Eso —objetó Lucía—, menuda mezcla, todo es igual, nada es mejor... Por lo menos habrá que decir en cada caso si son datos históricos o meras imaginaciones *lauristas*.

—No me opongo —aceptó Laura—, prefiero la mezcla y el cambalache. Además da igual que pongas al lado de cada párrafo rótulos *luciístas*, "esto es verdad", "esto es ficción"; nadie los tomará en serio, los considerarán como una parte más de la narración.

El arreglo satisfizo a las dos partes. Con ello nuestro grupo había logrado sobrevivir a la primera sesión de trabajo, que no es poco, y teníamos encarrilado el primer asalto a la vida del filósofo. Además habíamos desarrollado ya un cierto método. Cada uno de nosotros se ocuparía de investigar un par de etapas de la vida de Aristóteles, redactaría un pequeño informe, como había hecho yo en esta primera reunión, y lo discutiríamos entre los tres antes de incorporarlo al trabajo. Todavía teníamos por delante la etapa de Aristóteles en la Academia, la de los viajes, la época del Liceo y su exilio en Eubea.

Atenas y la Academia platónica (368-348 a.C.)

La idea de incluir no sólo los datos más firmes, sino también conjeturas razonables, posibilidades e incluso rumores y leyendas en torno a la vida de nuestro filósofo no era tan mala. Es más, bien pensado, las dos versiones que habíamos anotado de la salida de Aristóteles hacia Atenas, la filosófica y la política, podían resultar hasta compatibles e incluso complementarias. Si Proxeno había leído algunos diálogos platónicos pudo pensar que la Academia de Platón era el mejor lugar para completar la formación de un joven griego. Pero, además, por motivos políticos, Atenas era para Aristóteles un lugar más seguro que Pela. Y no sólo seguro, sino también conveniente para el futuro del propio muchacho y de su amigo Filipo. Éste era todavía muy joven y había sido apartado de la corte, estaba expatriado en Tebas, pero no cabe duda de que albergaba la intención de luchar por sus derechos sucesorios. Nada mejor para Filipo, pues, que disponer de un contacto de confianza en Atenas, en el centro mismo del mundo griego. El padre de Aristóteles había servido a Amintas, y parece que el mismo Aristóteles estaba dispuesto a ayudar a Filipo en su lucha por el trono de Macedonia.

—¿Ven?: doble vida. Lo que yo les decía —comentó Laura al comienzo de nuestra segunda reunión—. Su padre llevaba una doble vida y él también. Seguro que en Atenas pasaba por estudiante durante el día y se dedicaba a espiar por la noche...

Lucía, siempre más moderada, prefería hablar de una doble agenda, filosófica y política. Siguiendo esta idea elaboró un informe sobre los veinte años que Aristóteles pasó en Atenas, primero estudiando y más tarde impartiendo lecciones en la Academia de Platón.

Aristóteles llegó a Atenas en el año 368 a.C., cuando apenas contaba diecisiete años.

—¿Sabemos cómo hizo el viaje? —interrumpió Laura.

—Pues no, pero los griegos eran buenos marinos. Muchas de las ciudades griegas están en torno al mar Egeo. Pudo ir desde Estagira hasta Atenas en barco. He calculado que eso le llevaría un par de días de navegación —precisó Lucía—. O quizá por tierra. Pero en ese caso tardaría del orden de quince días. ¿Curiosidad satisfecha?

—Sí, dale.

Sabemos que cuando Aristóteles llegó a Atenas, Platón no estaba en la ciudad. Había viajado a Siracusa, en la isla de Sicilia. Platón quería fundar en esa ciudad una especie de Estado al estilo del que había diseñado en uno de sus diálogos, titulado *La República*, pero la operación no le salió nada bien. En realidad éste era su segundo viaje a Sicilia. Ya lo había intentado otra vez y también había fracasado. Platón pensaba que los filósofos deberían ser quienes gobernasen, o al menos que se

> Casi todo lo que nos ha llegado de Platón está escrito en forma de diálogo. *La República* es uno de los diálogos más importantes y conocidos del pensador griego. En él diseña un sistema político utópico y un sistema educativo al servicio de su utopía política.

les debería enseñar algo de filosofía a los gobernantes. Y él intentó enseñársela al tirano de Siracusa, pero éste no se dejó. Es más, acabó expulsando a Platón de la ciudad, y se cuenta que fue incluso vendido como esclavo y que pudo regresar a Atenas gracias a que un simpatizante de la Academia pagó la suma de su rescate.

—Y, si Platón no estaba en la Academia, ¿qué hizo Aristóteles entonces?, ¿se volvió a casa o se quedó a pasear por Atenas? —pregunté.

—Pues ninguna de las dos cosas. Se quedó en Atenas y parece que aprovechó bien el tiempo.

A lo largo de los primeros tres años de su estancia en Atenas Aristóteles asistió a las lecciones que daba en la Academia Eudoxo de Cnido. Platón solía invitar a la Academia a los mejores matemáticos, médicos, físicos, geógrafos y otros sabios, para que sus discípulos tuviesen la mejor formación. Durante su ausencia, había dejado la escuela a cargo de Eudoxo, un reputado astrónomo. Aristóteles parece que siempre conservó un recuerdo muy grato y una opinión muy elevada de Eudoxo. En algunos de sus textos Aristóteles nos habla de observaciones astronómicas singulares. Es probable que algunas de éstas las hiciese en compañía de Eudoxo en estos primeros años de la Academia. Por ejemplo, nos cuenta que dos veces en su vida llegó a ver un arco iris lunar. Es un fenómeno extraño. Para que se dé tiene que haber mucha luz lunar y además lluvia.

—¡Qué romántico, un arco iris con luz de Luna! —exclamó Laura.

Aristóteles

—Yo no sé si creérmelo —apuntó Lucía—, pero lo cierto es que Aristóteles dice que lo vio dos veces en su vida, una de ellas cuando tenía más de cincuenta años.

—Bueno —añadí—, pues supongamos que la primera vez lo vio en compañía de Eudoxo, que al fin y al cabo era el experto en estas cosas. ¿Qué más observaciones extrañas hicieron?

—El resto no son tan extrañas. También cuenta Aristóteles que llegó a ver una aurora boreal. Además relata que la observación de una conjunción de Marte con la Luna, le sirvió para confirmar que Marte está más lejos de nosotros que la Luna, porque pasó por detrás de ésta. En este caso sí sabemos la fecha: esa conjunción se produjo en la séptima noche de la primera decena del mes de muniquión del año cuarto de la Olimpiada 105.

> Los griegos dividían el año en doce meses y cada uno de éstos en tres decenas de días. Contaban los años según la era olímpica, a razón de cuatro por olimpiada. La olimpiada es el tiempo transcurrido entre dos ediciones sucesivas de los juegos olímpicos. El nombre del mes está tomado del calendario ateniense, pero realmente cada ciudad tenía su propio calendario y la nomenclatura variaba de una ciudad a otra.

—Perfecto —se quejó Laura—, me encanta la precisión de tus datos.

—He calculado —aclaró Lucía— que eso viene a ser a finales de abril de 356. Aristóteles ya llevaba por entonces unos diez años en la Academia.

Es probable que alguna de estas observaciones u otras similares las hiciese bajo la guía de Eudoxo. También le agradece todo lo que le enseñó sobre las costumbres de los egipcios, de los persas y de otros pueblos exóticos que Eudoxo conocía bien. Había aprendido matemáticas con los **pitagóricos** de Sicilia y astronomía con los sacerdotes de Heliópolis en Egipto. A pesar de sus treinta y pocos años Eudoxo ya era una persona viajada, culta e interesante, a quien Aristóteles atribuye también fama de honrado.

> PITAGÓRICOS. Seguidores de Pitágoras. Constituían una mezcla de comunidad de estudiosos, secta religiosa y grupo de influencia política. En ciencia tenían predilección por las disciplinas más matematizadas, como la geometría, la astronomía o la musicología. A través de las matemáticas buscaban las armonías presentes en el Cosmos. Pero también hubo muy reputados médicos pitagóricos. En religión creían en la reencarnación.

Esta reputación hizo que Aristóteles tomase muy en serio sus ideas sobre **ética**. Eudoxo discrepaba de los demás académicos en cuanto a las ideas morales. Pensaba que el bien se identifica con el placer y el mal con el dolor.

—Eso es lo que don Garci llamaría un hedonista —comenté.

—Exacto —puntualizó Lucía.

Mientras que para muchos discípulos de Platón el placer no podía ser considerado como un bien. Aristóteles, siempre buscando el justo término medio, llegó a la conclusión de que el placer es *un* bien, pero no *el* bien. Es

> ÉTICA. Estudio filosófico de los fundamentos de las acciones de los hombres.

decir, que el placer debe ser buscado y el dolor evitado, pero no a cualquier precio. En algunas ocasiones, según él, habrá que renunciar a ciertos placeres, por buenos que sean, y aceptar ciertos dolores, por malos que sean, en pro de bienes superiores o de males menores.

—No se me ocurre ningún ejemplo —dijo Laura en tono ligeramente retador.

—A mí sí —aseguró Lucía—: uno debería preferir la opinión sincera de un amigo, aunque sea doloroso lo que nos dice, al halago de quien quiere manipularnos, aunque sea más placentero. Mejor la verdad que el halago, ¿no te parece?

—Me parece.

> Según Platón todas las cosas sensibles son en realidad copias más o menos imperfectas de las Ideas. Eso es lo que hace inteligible la realidad. Las Ideas, a diferencia de sus copias sensibles, son entidades eternas e inmutables.

La otra cuestión que se discutía en la Academia cuando llegó Aristóteles era la teoría platónica de las ideas. El maestro la había expuesto en varios diálogos que por entonces ya se consideraban clásicos, como *Banquete*, *Fedon* o *Gorgias*, pero después hasta el mismo Platón había encontrado defectos en esta doctrina. El eco de los debates que Aristóteles encontró al llegar a la Academia se oye aún en diálogos platónicos como el *Sofista* o el *Parménides*.

> RETÓRICA. Arte de dar al lenguaje eficacia suficiente para persuadir a la audiencia, para conmoverla o deleitarla. Durante la Antigüedad, la Edad Media y buena parte de la Edad Moderna, constituyó una parte esencial de la formación de cualquier persona culta.

—Y aparte de los debates y las clases —preguntó Laura—, ¿es que no hacía vida social?, ¿no tenía amigos?, ¿no salía a conocer la ciudad? No me creo que un buen espía se conformase con lo que oía en las aulas de la Academia.

—Un poco de paciencia, Laurita, ya llegaremos. Déjame por el momento añadir algo más en el terreno intelectual.

En sus primeros tiempos en Atenas, Aristóteles también pudo oír las clases de **retórica** impartidas por Isócrates.

—Otro académico, claro —pensé en voz alta.

—No, este Isócrates —me dijo Lucía— tenía escuela propia. Era más bien la competencia de la Academia. Enseñaba retórica a los muchachos que querían dedicarse a la política. Muchos de sus discípulos fueron oradores brillantes en el **Ágora**. Como los platónicos se dedicaban aproximadamente a lo mismo, existía rivalidad entre ambas escuelas.

—Y Aristóteles no se decidía, ¿verdad? —pregunté.

—Un buen espía —apuntó Laura— busca información en todas partes. Para mí está claro: le interesaba tener contactos en las dos escuelas donde se formaban los dirigentes de Atenas.

ÁGORA. Plaza pública en la que los atenienses discutían de política y sometían ciertas decisiones a votación.

—Algo de eso hay —reconoció Lucía—. Parece que con Isócrates tenía más afinidades políticas que con los académicos. Me he enterado de que Isócrates era promacedonio. Quería que los griegos y los macedonios se uniesen para defenderse de los persas. Yo creo que más o menos eso era lo que quería Aristóteles. Pero en cuestiones de filosofía, Aristóteles prefería a los académicos, que enseñaban filosofía y ciencias a los futuros oradores, y no sólo retórica para convencer a las masas.

—¿Y tú que piensas? —pregunté—, ¿que un político necesita saber algo más que retórica?

—Aristóteles prefería —contestó Lucía eludiendo dar su opinión— una formación más completa, que constase de filosofía, ciencia y también retórica. Afirmaba que la retórica tenía que estar al servicio del bien común y de la verdad, no del engaño y la manipulación. Así que acabó poniéndose claramente del lado de Platón y los suyos, y enfrentándose públicamente a Isócrates. Precisamente, las primeras obras que escribió Aristóteles fueron para polemizar contra Isócrates y defender a la Academia.

Durante los años de la Academia, Aristóteles escribió varias obras, algunas en forma de diálogo muy al estilo platónico, de las que sólo se conservan fragmentos.

—A lo mejor se perdieron porque no eran muy buenas —comenté.

—O porque más tarde escribió otras mejores y las primeras dejaron de copiarse. En todo caso son estas: *Grilo*, texto en el que polemizaba con Isócrates, *Protréptico*, *Sobre las Ideas*, *Sobre el Bien*, *Sobre la Justicia*, *De la Filosofía*, el *Político* y el *Eudemo*.

—O sea, que iba a escuchar a Isócrates —dijo Laura— para después rebatir sus ideas. ¿Qué dice la ética de eso?

—La ética no sé —respondió Lucía—, pero sí he encontrado lo que dijo el propio Isócrates:

Hay quien se cree que denunciando mi enseñanza va a ganar prestigio. Pero yo no descenderé al nivel de aquellos a los que la envidia ha vuelto ciegos. Aunque probablemente podría decir de ellos cosas vergonzosas, me abstendré de decirlas. Yo no le llamaría pomposamente filosofía a ese juego de sutilezas que practican, a esa especie de gimnasia mental para cabezas huecas, tan perfectamente inútil para las acciones como para los discursos.

—Vaya, la crítica no le sentaba muy bien al señor Isócrates —comenté.

—Según dice don Garci —añadió Laura— los filósofos son unos fanáticos de la crítica, se les llena la boca con esa palabra, pero ya me he dado cuenta de que más de uno se pone como una pantera cuando le afecta a él. Por cierto, Lucía, no te tomes esto como una crítica, pero sigo sin ver vida social por ninguna parte, parece que este hombre no salía de la Academia más que para ir a escuchar a Isócrates... o a pelearse con él.

—Es que en ese terreno las cosas no están tan claras. Por ejemplo, no sabemos en qué zona de la ciudad vivía, ni qué tipo de diversiones frecuentaba, si es que frecuentaba alguna. Así que siguiendo su consejo me he arriesgado a escribir algunas hipótesis que se me ocurrieron.

Atenas era la **polis** más importante y culta de Grecia desde los tiempos de **Pericles**, quien había gobernado un siglo atrás. Estaba rodeada por una muralla y dos largos muros protegían el camino desde la ciudad hasta el puerto de El Pireo. Casi desde cualquier parte de la ciudad se podía ver la *Acrópolis*

POLIS. Palabra griega que significa ciudad.

PERICLES. Gobernante ateniense. Llevó a la ciudad de Atenas a su momento de mayor esplendor, durante la época conocida como el siglo de Pericles, que coincide aproximadamente con el siglo V a.C. El célebre *Discurso fúnebre*, pronunciado por Pericles, se considera como el discurso fundacional de las tradiciones democráticas.

ACRÓPOLIS. Zona elevada de la ciudad, en la que se situaban los principales templos, como por ejemplo el Partenón.

elevada, con el Partenón dominándolo todo. Desde la Acrópolis hasta el Ágora, centro de la vida ciudadana y de las discusiones políticas, corría la gran avenida de las Panateneas. Además contaba con teatros, templos, estadios y hermosos jardines. En los jardines dedicados al héroe Academos se instaló la escuela de Platón, de ahí el nombre de Academia.

La Academia estaba situada fuera de las murallas, saliendo de la ciudad por la puerta Sacra, cerca de la zona del Cerámico. Podríamos pensar que Aristóteles vivía en este barrio, pero no es probable, pues se trata de una zona más bien pobre. Es más verosímil que alquilase una casa por el barrio llamado Escambonidai, que era una zona residencial situada también cerca de la salida hacia la Academia y no lejos de los jardines del Liceo, donde hablaba Isócrates, y donde más tarde Aristóteles ubicó su propia escuela.

—¿Por qué supones que alquiló una casa? —pregunté, pues me parecía demasiado arriesgado afirmar tal cosa.

—Verás —precisó Lucía—, es que Aristóteles era un extranjero en Atenas, lo que llamaban un *meteco*, así que no podía comprar propiedades en la ciudad, la ley ateniense se lo prohibía.

Platón escribió sobre la Academia lo siguiente: "Se respira un aire envidiable y prodigiosamente limpio, y se oye una clara melodía de verano que hace eco al coro de las cigarras".

—Un poco exagerado, ¿no? —comenté escéptico.

—¿Qué quieres? —dijo Lucía—, si era el padre de la Academia. Pero, por lo que he leído, el sitio debía ser de verdad hermoso. Según las descripciones antiguas, los edificios estaban ubicados en un lugar boscoso, entre olivos, álamos, olmos y plátanos.

Por estos lugares pasó Aristóteles veinte años de su vida. Al tercer año de su estancia en Atenas regresó Platón de su viaje a Sicilia. Había fracasado por segunda vez en la empresa de convertir en filósofo a un tirano. Por fin Aristóteles pudo conocer al maestro.

—Y quedó subyugado por la gran personalidad del maestro —anticipó Laura con deliberada grandilocuencia.

—No parece que congeniasen mucho —nos decepcionó Lucía—. Tenían muy poco en común por lo que he podido intuir. Platón era ateniense, de familia poderosa, mientras que Aristóteles era un extranjero venido de alguna zona semibárbara del norte. Uno era ya mayor, el otro muy joven. Tenían personalidades muy distintas: Platón trágico y arrebatado, Aristóteles moderado, amante de lo cotidiano y partidario del sentido común. Tengo la impresión de que Aristóteles rechazaba profundamente esa especie de concepción trágica de la vida que se respiraba en torno a Platón. Aristóteles permaneció al margen de la vida social ateniense, de los banquetes y fiestas de la Academia. Llevaba una vida discreta y estudiosa. Y Platón parece que por un lado lo respetaba mucho como discípulo y como filósofo, pero no tanto como persona. Quizá Aristóteles sentía algo parecido por Platón. Desde luego, lo admiraba como filósofo, y aunque fue crítico con él, siempre reconoció y agradeció sus enseñanzas. La influencia de Platón sobre Aristóteles como filósofo fue inmensa y duradera. Pero no creo que se cayesen bien, la verdad.

—Y eso ¿cómo lo sabes? —inquirió Laura.

—No lo sé seguro, pero se intuye —respondió Lucía—. Mira tengo anotadas un par de anécdotas, a ver qué les parece a ustedes.

Cuando Platón pasaba con algunos de sus discípulos por delante de la casa de Aristóteles, les pedía que guardasen silencio para no distraer el trabajo de "El Lector". Y, otro día, en la Academia, mientras impartía sus lecciones, Platón notó que faltaba Aristóteles. Entonces preguntó a los oyentes: ¿qué pasa hoy, no ha venido "La Mente"?

—Está claro que reconocía su talento —prosiguió Lucía—, incluso en público.

—Tenía fama de leer mucho —comenté—, ¿verdad?

—Aristóteles era muy aficionado a la lectura —nos informó Lucía— y a comprar libros, llegó a tener la biblioteca más importante de Atenas, incluso compró libros de la biblioteca de Platón después de la muerte de éste. Se ve que leía de un modo extraño para la época, es decir, leía como lo hacemos nosotros, pensando, sin pronunciar. Por entonces se leía en voz alta y los que podían se limitaban a escuchar lo que les leía algún esclavo. Pero los comentarios que hacía Platón sobre él no parecen muy cariñosos. ¿No les da la impresión de que quería burlarse un poco de él?

—Lo que está claro —afirmó Laura— es que con comentarios así no le hacía ningún favor ante sus compañeros. Seguro que lo veían como un elemento extraño al grupo, demasiado listo y demasiado aislado.

—Eso he pensado yo —concluyó Lucía.

—Pero lo importante para la historia, creo yo —y aunque por una vez veía de acuerdo a Laura y a Lucía, tenía que decirlo—, no es si se caían bien o mal, lo decisivo es que se respetaban y admiraban como filósofos, ¿no?

—De eso no cabe duda. Don Garci dice —nos recordó Lucía— que Aristóteles fue el mejor discípulo que pudo tener Platón, leal y crítico. Y Platón le encargó pronto a Aristóteles un curso de retórica, así pasó de alumno a profesor.

—Puede que Aristóteles le convenciese de que hacía falta combinar ciencia y retórica —comenté.

—Sí —continuó Lucía—, pero sobre todo parece que a Platón le atrajo la forma que Aristóteles tuvo de enfrentarse a Isócrates, la agilidad que demostró en la polémica sobre la función de la retórica. De este modo, a los diez años de su estancia en la Academia, Aristóteles ya estaba entre los discípulos más cercanos a Platón, y empezaba a ser reconocido él mismo como maestro. Le iban bien las cosas, pues también por esta época su amigo Filipo era coronado rey de Macedonia, recuperaba así el trono que años atrás había perdido su familia.

—Y ya que le iba bien, siguió así otros diez años —aventuró Laura—, sin amigos, sin fiestas..., viviendo sólo para la filosofía y el espionaje.

—Bueno —respondió Laura—, por lo que escribe parece que le gustaban las competiciones atléticas y sobre todo el teatro. Si lees su tratado sobre la *Poética* acabas con la idea de que conocía muy bien el teatro que se representaba en Atenas. Además sabemos que al menos llegó a intimar con un amigo durante su etapa en la Academia. Se llamaba Eudemo.

—Aristóteles escribió un libro titulado *Eudemo* —recordé.
—Exacto —confirmó Lucía—, es que estaba dedicado a su amigo Eudemo de Chipre. Esconde una historia sorprendente.
Eudemo y Aristóteles eran ambos alumnos de la Academia y extranjeros en Atenas. Eudemo venía de Chipre y era también, como Aristóteles, una especie de refugiado político. No es extraño que llegasen a trabar amistad. Eudemo le pidió a Aristóteles que intercediera ante Filipo —quería que el nuevo rey de Macedonia apoyase la causa de los insurgentes chipriotas—. Y Aristóteles lo hizo: entregó a Eudemo una carta de recomendación para Filipo. Eudemo emprendió el viaje hacia Macedonia con la carta y con otros documentos, posiblemente cifrados, que Aristóteles le entregó. Es decir, ya que partía para Macedonia, Aristóteles le pidió que entregase a Filipo ciertos informes. Pero Eudemo nunca llegó a Macedonia. En el camino, cuando atravesaba la región de Tesalia, sufrió una enfermedad grave. Durante la misma tuvo un sueño premonitorio. Se le apareció un muchacho que le hizo tres predicciones: sanarás, caerá pronto el tirano que gobierna en Tesalia y regresarás a tu patria antes de que se cumplan cinco años. Sanó, el tirano murió y Eudemo quedó convencido de que ya no necesitaba la ayuda de Filipo. Al ver cumplidas las dos primeras predicciones dio por hecho que antes de cinco años cambiaría el gobierno de Chipre y que él podría regresar entonces a su patria. Además se creía protegido hasta que todo esto se cumpliese, de modo que se enroló como mercenario y aceptó las más peligrosas de las misiones. Pronto Aristóteles supo que

Eudemo había muerto en combate. Sufrió una terrible tristeza por la muerte de su amigo. Escribió el *Eudemo* como consuelo. En esta obra Aristóteles dice que, después de todo, se cumplió también la tercera predicción: Eudemo regresó en el plazo previsto a su tierra natal, la suya y la de todos los hombres, la patria genuina de todos nosotros, el mundo platónico e inmortal de las Ideas, el lugar del que proceden y al que regresan todas las almas, y también la noble alma de Eudemo.

—Pero si Aristóteles —objeté— no creía en el mundo platónico de las Ideas...

—Es verdad que fue el crítico más agudo de la teoría de las Ideas —dijo Lucía—, pero acababa de morir su amigo. Supongo que el *Eudemo* hay que entenderlo como un ejercicio de consolación: ya que Eudemo confió tan ciegamente en la profecía, Aristóteles trató de darle algún sentido a lo que su amigo creía y hacía.

—A lo mejor también se sentía un poco culpable —sugirió Laura con cierto aire lúgubre.

—¡¿Por qué?! —volvimos a coincidir Lucía y yo.

—¿No lo ven? Eudemo en realidad no estuvo enfermo, fue envenenado. Alguien quería interceptar los informes que Aristóteles enviaba a Filipo. Puede que después de leerlos, al ver que Eudemo se recuperaba, los volviesen a dejar en su sitio para que nadie sospechase nada.

—¿Pero tú crees que pudieron encontrar algo interesante? —pregunté intrigado.

—Quién sabe. Aristóteles conocía bien la región de Estagira, seguro que todavía tenía parientes por la zona.

—¿Y qué? —continué indagando.

—¡Siguen ciegos! ¿Ya no recuerdan las lecciones de historia? Pues que Filipo arrasó por entonces varias ciudades de la zona, Estagira, Olinto... Seguro que habría pedido informes a Aristóteles. Todo encaja de nuevo.

—Me parece que exageras, Laura. Yo me niego a poner esas elucubraciones en nuestro trabajo —sentenció Lucía.

—No es del todo descabellado —traté de mediar—. ¿Recuerdan al orador Demóstenes y a sus *Filípicas*? Demóstenes era como la voz de Atenas recriminando a Filipo su crueldad.

—Es cierto —aceptó Lucía— que en Atenas no sentó nada bien esta campaña de Filipo. Digamos que empezaron a verle las orejas al lobo. Pero de eso a que Aristóteles colaborase con sus informes...

—¿Por qué no? —presionaba Laura—, veamos las fechas. ¿Cuándo fue lo de Estagira y Olinto?

—Déjame consultar —pidió Lucía—. Me parece que Filipo arrasó Olinto en el verano del 348. Lo de Estagira debió de ser antes.

—¿Y cuándo se largó Aristóteles de Atenas? —prosiguió Laura sin dar tregua.

—El mismo año, poco después de la destrucción de Olinto.

—¿Y todavía lo dudas?

—Lo dudo porque la versión "oficial" que he leído en varios sitios es que Aristóteles salió de Atenas porque murió Platón. Ya no podía contar con la enseñanza del maestro, y además la Academia quedaba en manos de un sobrino de Platón que al parecer era un mediocre. Algunos hasta insinúan que Aristóteles se fue por despecho, al darse cuenta de que Platón no le dejaba a él a cargo de su escuela.

—¿Pero no decías —traté de precisar— que un extranjero no podía tener propiedades en Atenas? Pues si la Academia disponía de edificios en propiedad, Platón nunca pudo pensar en legárselos a Aristóteles y Aristóteles nunca pudo hacerse ilusiones al respecto. Por tanto tampoco pudo haber decepción al saber que Platón dejaba la Academia a un pariente próximo, supongo que ateniense de nacimiento.

—Supones bien. El tal pariente era Espeusipo. Y he leído —constató Lucía— que Aristóteles tenía una opinión francamente mala de este señor. Así que por este lado no le faltaban razones para salir de Atenas.

—Para salir de Atenas no —volvió a la carga Laura—, en todo caso para dejar la Academia. ¿Pero, dónde podría haber encontrado un sitio mejor para fundar su propia escuela que en la ciudad de Atenas? Si los motivos hubieran sido filosóficos, entonces Aristóteles no se hubiera ido de Atenas, sólo se habría ido de la Academia. Si salió de Atenas es porque la situación se había vuelto muy peligrosa para un amigo de Filipo. Además, ¿sabemos cuándo murió Platón?

—Parece ser que en mayo de 347, pero nadie lo da como seguro.

—O sea, que Aristóteles se fue de Atenas incluso *antes* de la muerte del maestro, ¿no? —remachó Laura.

—Pues sí, así parece —tuvo que admitir Lucía—. Pero reconoce que pudo ser *después* de saber que la Academia quedaría en manos de Espeusipo.

—Estamos de nuevo ante un dilema sin salida —reflexioné en voz alta—. ¿Por qué no anotar las dos versiones y que el lector decida? Además, a mí me siguen pareciendo compatibles: quizá Aristóteles se sintió en peligro tras la caída de Olinto y, por añadidura, Atenas perdió atractivo para él cuando supo que la Academia de Platón pasaría pronto a manos de un tipo mediocre y antipático.

Una vez que llegamos los tres a un acuerdo, teníamos que decidir quién se encargaría de hacer el informe sobre la época de los viajes. Laura hizo todo lo posible para quedarse con esta parte de la tarea. Al fin y al cabo fueron tiempos agitados: en esos doce años nuestro personaje viajó por varias ciudades antes de regresar a Atenas, fue preceptor de un príncipe, se casó y tuvo una hija, vio morir a su mujer y tuvo un segundo hijo de su amante.

Aristóteles tuvo una vida viajera. Vivió en varios lugares de Macedonia y Grecia. Normalmente estos desplazamientos se leen en clave filosófica: "fue a Atenas para oír a Platón", "salió de Atenas cuando éste murió"... Recientes investigaciones han mostrado que Aristóteles siempre estuvo vinculado de un modo activo a la política de su época y que sus viajes tuvieron que ver con esta actividad.

Los viajes (348-336 a.C.)

—Mira, Lucía —dijo Laura mientras desenfundaba sus papeles—, leyendo un libro sobre Aristóteles he encontrado una descripción que parece hecha como para ti:

> Era una joven alta y pálida, de cuello largo y esbelto, con ojos garzos, casi tan fríos como los de un reptil, casi tan grandes como los de una lechuza, y la nariz y los labios de trazo correctísimo, se diría que perfectos. Su escaso mentón daba al perfil como un aire de tortuga. Sonreía, pero carecía de todos los modos y recursos que hacen atractiva a una mujer. Más que despreciarlos, los ignoraba. Vestía sin gracia, más como protección contra la intemperie que como señuelo o adorno según suelen las mujeres.

—¿Y se puede saber a quién pretende describir este párrafo? —preguntó Lucía poniéndose en guardia.

—A la primera mujer de Aristóteles. Se llamaba Pitias, y por lo que se ve se parecen bastante.

—Me alegra que empecemos la reunión con buen humor —ironizó Lucía—, porque supongo que es una broma; nadie sabe cómo era la mujer de Aristóteles.

—Es verdad, nadie lo sabe —concedió Laura—, por más que he buscado no existen datos históricos sobre su aspecto físico. Lo único que he encontrado es esto que les he leído, y se trata de mera fabulación.

—En cambio —comenté—, de Aristóteles sí que existe alguna descripción más o menos verosímil. Parece que era de mediana estatura, más bien delgado, de frente amplia, con barba y cabellos recortados, labios finos y mentón prominente, de mirada hundida, carácter austero y reservado.

—He visto un cuadro —recordó Laura— en el que está representado más o menos con esos rasgos.

—Sí, de Rafael —presumió Lucía—. Pero traerás algo más que fabulaciones, ¿verdad?

—Claro, la época que me tocó estudiar fue más bien movidita. Aristóteles salió de Atenas con treinta y siete o treinta y ocho años y no volvió a pisar la ciudad, que se sepa —susurró Laura—, hasta casi los cincuenta. Parece ser que en primer lugar viajó a la capital de Macedonia.

—¿Seguro? —preguntó Lucía.

—Probable, pero no seguro —respondió Laura—. Verás, no pudo ir a Estagira, porque Filipo había destruido la ciudad, y tampoco a su casa de Eubea, porque en ese momento la isla se había levantado en armas contra Atenas. La revuelta había sido instigada, cómo no, por Filipo. De manera que lo más probable es que fuese directamente a ver a Filipo, a Pela, la capital de Macedonia. Sabemos que Aristóteles le solicitó como favor personal que reconstruyese la ciudad de Estagira. Filipo accedió, pero puede que pidiese algo a cambio.

—¿Y qué podía necesitar el rey de Macedonia de un filósofo? —pregunté intrigado.

—Dos cosas. El rey necesitaba un maestro para formar a su hijo Alejandro cuando éste alcanzase la edad apropiada, y además seguía valorando los servicios de Aristóteles como diplomático discreto e informador de confianza. Lo primero es seguro —se anticipó Laura a la pregunta—, porque con el tiempo, efectivamente, Aristóteles llegó a ser preceptor de Alejandro, lo segundo en cambio es sólo una conjetura. Pero yo creo que fue así, porque Filipo quería unificar todas las ciudades griegas bajo su mando para después atacar a los persas. Pero para marchar sobre los persas necesitaba algún aliado fiable que le hiciese de cabeza de puente en Asia Menor.

—Eso tiene sentido —afirmé—. Miren el mapa. Está claro que para atravesar por los estrechos desde Europa a Asia le venía bien un aliado del otro lado. Pero no sé qué pinta en todo esto Aristóteles.

—¿Se acuerdan de Proxeno...?

—El cuñado de Aristóteles, sí —precisó Lucía.

—... de Atarneo, Proxeno de Atarneo —continuó Laura—. Busco en el mapa y, oh casualidad, resulta que Atarneo está justo donde tenía que estar, o sea, en el Asia Menor, cerca de los estrechos. Proxeno, el mismo que había leído los *Diálogos* de Platón, que hasta puede que asistiese alguna vez a sus lecciones, el mismo que recomendó a Aristóteles que se instalase en Atenas, este Proxeno resulta que también conocía al tirano de Atarneo, de nombre Hermias.

—O sea, que según tú —concluí—, Aristóteles se ofreció para contactar con Hermias y convencerle de que se sumase a la causa de Filipo.

—Se ofreció él o se lo pidió el propio Filipo contando con que Proxeno podría hacer las presentaciones. Hermias era el aliado perfecto: un hombre de origen griego, que había sido esclavo de los persas, que aparentemente se llevaba bien con ellos, pero que seguramente albergaría deseos de venganza, y que, por añadidura, controlaba la orilla asiática de los estrechos.

—¿Y los persas no sospecharían de la presencia en la zona de un enviado de Filipo? —pregunté.

—No, porque también disponía de la coartada perfecta: resulta que en la zona controlada por Hermias se habían instalado dos discípulos de Platón, concretamente en la ciudad de Asos, cerca de Atarneo. Habían puesto en marcha una escuela al estilo de la Academia. Aristóteles podía sumarse a ellos como un académico más, a nadie le parecería extraño. Y eso fue precisamente lo que hizo. Les cuento.

Aristóteles permaneció un par de años en la ciudad de Asos, situada en la costa Jonia, enfrente de la isla de Lesbos. Cuando llegó, Platón acababa de morir. Aristóteles compuso estos versos en honor y recuerdo del maestro:

> Levanto piadoso un altar a la santa Amistad
> Al varón a quien no es lícito a los perversos ni siquiera loar
> Al único o primero de los mortales que reveló claramente,
> Con su propia vida y con los métodos de sus palabras,
> Cómo un hombre puede llegar a ser bueno y feliz al mismo
> /tiempo.
> Ahora, imposible que nadie vuelva jamás a alcanzar ambas
> /cosas.

—Parece que, después de todo, quería al viejo —comentó Laura casi en un sollozo, e intentó proseguir con la lectura.

—Ya sabes, Laura, lo que se dice —interrumpió Lucía—: "Amigo de Platón, pero más amigo de la verdad". Perdón, sigue, sigue...

En Asos, lejos del ajetreo de Atenas, Aristóteles orientó sus estudios hacia las ciencias naturales. Pudo observar directamente muchas especies de seres vivos. Probablemente en esta época empezó la composición de su tratado sobre la *Historia de los animales*. Fue también el momento en que se le unieron como discípulos tanto su sobrino Calístenes como Teofrasto. Con el tiempo Calístenes se convertiría en historiador y acompañaría a Alejandro Magno como cronista de su expedición a Asia. Teofrasto acabaría siendo el discípulo más cercano a Aristóteles, un gran especialista en botánica y su sucesor al frente del Liceo. Tuvo también como discípulo al propio Hermias, que acudía de vez en cuando a Asos, quizá no sólo para recibir lecciones de filosofía, sino también para tratar asuntos políticos. Tal vez en alguno de esos viajes se hizo acompañar por su sobrina Pitias, con la que Aristóteles se casaría pocos años más tarde.

Desde Asos se dirigió, junto con sus colaboradores, a la ciudad de Mitilene, en la isla de Lesbos. Allí permaneció durante otros dos años.

—¿Como agente de la CIA o de la KGB? —preguntó con cierto sarcasmo Lucía.

—Pues no, esta vez no —respondió Laura sin inmutarse—. El traslado a Mitilene parece que fue sólo por causas científicas. Teofrasto era natural de Lesbos y tenía propiedades en la ciudad. Es fácil suponer que fue él quien convenció a Aristóteles para que se instalase en Mitilene, donde además podrían completar los estudios naturalistas. El trabajo que podían realizar en Asos ya estaba hecho, y en Lesbos les esperaban nuevas especies que observar, algunas de ellas endémicas de la isla.

Para Aristóteles explicar algo, una sustancia o un proceso, es tanto como mostrar cuáles son sus causas. Según él existen cuatro tipos de causas: material, eficiente, formal y final ("el para qué"). En el ser vivo la causa material son los elementos de los que está formado, sus tejidos, órganos y miembros. La causa eficiente, en un principio, son los progenitores, pero en cuanto el nuevo viviente comienza a existir se constituye en causa eficiente de sí mismo, él mismo se desarrolla y se mantiene. Las causas formal y final también se confunden con el propio viviente individual, cuya función es vivir y cuya forma consiste en su propia forma de vida. Hay que aclarar que en Aristóteles las formas no son específicas, sino individuales, cada viviente tiene su propia forma de vida, que se parece mucho, es semejante, a la de los de su especie, pero no es en modo alguno la misma, idéntica. En resumen, el modelo de cuatro causas es útil para dar explicación de los vivientes siempre que se tenga presente la unidad e individualidad de los mismos.

—¿Y qué fue del agente secreto 007? —volvió a la carga Lucía.

—En estado durmiente, querida —respondió Laura como un resorte—. Filipo seguía asentando su poder sobre las ciudades griegas, pero todavía no había logrado hacerse con Atenas. Por otra parte, podemos suponer que Aristóteles ya había concertado con Hermias las condiciones de su ayuda para cuando la campaña sobre los persas fuese posible. Y, en todo caso, desde Mitilene podía seguir en contacto con Hermias, pues la ciudad estaba separada de Atarneo apenas por un brazo de mar de veintitantos kilómetros. Mientras tanto, la situación era perfecta para seguir con los estudios naturalistas.

De los seres vivos le interesaba todo, su composición material, las partes de las que consta cada uno, pero también su comportamiento y costumbres, así como la organización funcional de cada viviente, es decir, qué funciones cumple cada una de las partes y "el para qué" de cada una de sus acciones. Parece que Aristóteles fue un observador con mentalidad científica y sistemática, pero también compasivo y atento a las diferencias individuales.

Aristóteles fue un apasionado naturalista. A lo largo de toda su vida observó el comportamiento de los animales. Los textos que Aristóteles dedica, por ejemplo, a los elefantes o a los delfines son propios de quien conoce profundamente a los seres vivos, de quien los contempla con mirada a un tiempo científica y compasiva. Más de 500 especies fueron estudiadas por Aristóteles con este mismo espíritu.

—Copié —nos informó Laura— algunos textos de Aristóteles sobre los delfines, para que se den cuenta de lo que quiero decir:

> El delfín es de todos los animales el que posee una organización más notable, y con él otros seres acuáticos parecidos y todos los demás cetáceos que se comportan de la misma manera, como la ballena y todos los animales con espiráculo. En efecto, no es fácil colocar a cada uno de estos animales únicamente entre los acuáticos o entre los terrestres.
>
> Los animales que tienen leche, la tienen en las mamas. Y tienen mamas todos los vivíparos interna y externamente, por ejemplo, los que tienen pelo, como el hombre y el caballo, o los cetáceos,

como el delfín, la marsopa o la ballena; todos estos tienen mamas y leche. El delfín, la ballena y los demás cetáceos, que no tienen branquias sino espiráculo, son vivíparos [...] producen directamente un embrión que a medida que se va articulando forma el animal, como ocurre en el hombre y en los cuadrúpedos vivíparos.

—Parece que no estaba obsesionado por la clasificación —comenté.

—No, pero desde luego, sabía que los cetáceos no son peces, sino mamíferos, cosa que se olvidó después durante siglos —puntualizó Lucía.

—Es que los observó con mucho detenimiento y hasta cierto cariño. Fíjense —continúo Laura— en la cantidad de información que llegó a reunir sobre los delfines.

Se citan una multitud de hechos que demuestran la dulzura y familiaridad de los delfines, y en particular de sus manifestaciones de amor y pasión por sus hijos [...] se cuenta que cerca de Caria, habiendo sido herido y capturado un delfín, una multitud de delfines entró en grupo en el puerto donde se quedaron hasta que el pescador soltó al delfín herido; entonces todos de nuevo se marcharon con él. Los delfines pequeños siempre van acompañados de algunos de los grandes para asegurar su protección. Se vio un día a un grupo de delfines, grandes y pequeños, seguidos a poca distancia de otros dos que nadando sostenían, cuando se hundía, a un delfín pequeño muerto, ellos lo levantaban con su dorso, como llenos de compasión, para impedir que fuera presa de algún animal voraz. Sobre la rapidez de este animal se cuentan también hechos increíbles. En efecto, de todos los animales, tanto acuáticos como terrestres, es el que pasa por ser el más veloz y además son capaces de saltar por encima de los mástiles de los grandes navíos. Esto sucede sobre todo cuando persiguen a un pez para alimentarse. Pues en estas circunstancias le siguen, instigados por el hambre, hasta el fondo del mar; y si el viaje de vuelta es demasiado largo, entonces reteniendo su respiración, como si calcularan la distancia, giran sobre sí mismos y parten como una flecha deseosos de recorrer a toda velocidad el camino que les resta para poder respirar; y saltan por encima de los mástiles si por azar un navío se encuentra por aquellos lugares [...] viven agrupados formando parejas, los machos con las hembras. Existe una duda sobre ellos y es la de saber por qué saltan a tierra firme, pues se asegura que hacen esto al azar, sin razón alguna.

—O sea, que ya por entonces los cetáceos se... "suicidaban" —me asombré—, y nadie sabía por qué.

—Como ahora, vaya —comentó Laura con escepticismo antes de seguir con la lectura de su informe.

"El delfín vive muchos años: se citan casos de algunos que vivieron veinticinco años y hasta treinta, pues los pescadores dejan libres a algunos después de haberles cortado la cola para, con este procedimiento conocer su edad".

—Pero eso significa —observé sin salir de mi asombro— que los pescadores griegos marcaban a los delfines pequeños de manera sistemática.

—Sí, y que Aristóteles recogía información de todas partes —dijo Lucía—. Era un lector contumaz, pero además preguntaba a los pescadores y marinos, a los criadores de ganado, a los veterinarios... a todo el que pudiera darle datos fiables sobre los seres vivos.

—Y no sólo eso, sino que es evidente que llegó a diseccionar animales de diversas especies. De otra forma —continuó Laura— no podría haberse enterado de detalles como éstos: "El delfín no posee vesícula biliar. Al contrario, las aves y los peces la tienen todos, así como los cuadrúpedos ovíparos".

—No copio más —advirtió Laura—, porque las obras biológicas de Aristóteles están llenas de observaciones semejantes sobre la anatomía y el comportamiento de más de 500 especies animales.

—Y no sólo especies —precisó Lucía—: también se interesaba por cada individuo concreto, como el delfín aquel de Caria o el delfín pequeño muerto. Pero por un tiempo tuvo que abandonar el estudio tan directo de los animales, pues Alejandro ya había llegado a la edad apropiada, unos catorce años, y el rey Filipo quería que Aristóteles en persona se ocupase de su formación.

Tras dos años en Asos y otros dos en Mitilene, Aristóteles y sus colaboradores se trasladaron a Macedonia. La capital, Pela, estaba ubicada en una zona pantanosa, pero Filipo disponía de un palacio en Mieza, zona boscosa cercana a Pela, pero más alta y salubre. Hizo que se instalase allí Alejandro, junto con los hijos de otras personas importantes del reino. Por ejemplo, se educaron con Alejandro los hijos del general Antípatro. Por supuesto, también Aristóteles, acompañado por Calístenes y Teofrasto, se acomodó en el palacio de Mieza.

—¿Y quién era este general Antípatro? —pregunté.

—Lo cito —aclaró Laura— porque me pareció un tipo interesante. Probablemente se conocían desde la etapa en la que Aristóteles vivió en Pela, cuando los dos eran casi niños, y fueron amigos durante toda la vida. Parece que Aristóteles le escribía con cierta frecuencia y confiaba mucho en él, incluso le hizo depositario de su testamento. No es extraño que Antípatro colocase a sus hijos al cuidado de él.

—Por no hablar de la ventaja que supondría para los chicos del general el educarse junto al futuro rey —matizó Lucía.

—Bueno, en principio sí, pero la historia tiene giros sorprendentes —precisó Laura—: resulta que uno de los dos hermanos, Casandro, no congenió muy bien con Alejandro. Según cuentan los historiadores llegaron a temerse y a odiarse.

—¿Y qué fue del otro? —curioseó Lucía.

—Vaya, pensaba que no te interesabas por estas minucias humanas —aprovechó la ocasión Laura—. El otro se llamaba Iolas y llegó a ser el mayordomo de confianza de Alejandro.

—Ya ves qué destinos tan dispares —reflexioné.

—Yo no estoy tan segura —dijo Laura—. El caso es que en estos dos años de Mieza pasaron muchas cosas terribles. Yo creo que en Mieza hay que buscar la clave de todo lo que ocurrió después —añadió enigmática.

—¿Qué tan terribles fueron esos sucesos? —inquirió Lucía volviendo a su acostumbrado escepticismo.

—Primero —comenzó a enumerar Laura—: la tarea de enseñar a aquellos adolescentes le resultaba al filósofo bastante tediosa. Fíjense en lo que dice en una de sus obras:

Los adolescentes son por carácter propensos a seguir sus deseos más inmediatos, a hacer lo que les viene en gana. Sus caprichos son muy vehementes, pero poco duraderos. Son apasionados y de cólera pronta y capaces de ceder al primer impulso. A cambio tienen buenas virtudes: las injusticias las cometen por insolencia y no por maldad, no son codiciosos de riquezas, sino que más bien son amantes del honor en grado sumo, y más aún del triunfo y de la victoria, pues todos desean sobresalir. Pecan por exceso y por vehemencia, más que por defecto o mezquindad, aman con exceso y odian con exceso. Cuando uno es tan joven no resulta un buen oyente para las lecciones de filosofía o de política, pues carece de la experiencia de la vida, que es el punto de partida de la filosofía y de la política.

—Es decir, que estaba harto de soportar a Alejandro con su corte de amigos —concluyó Laura—. Parece que intentaba leerles la *Odisea* y la *Ilíada*, porque Aristóteles fue un gran admirador de Homero, pero los chicos no gustaban del trabajo, preferían la caza y las peleas.

—Normal —sentenció Lucía—, eso dicen ahora todos los profesores, que a sus alumnos no les gusta trabajar. A lo mejor es que se ha dicho siempre, desde la antigüedad. Además, Alejandro al menos se interesaba por Homero: yo he leído que siempre llevaba con él un ejemplar de la *Ilíada* que le regaló Aristóteles, que incluso cuando estaba en campaña lo tenía bajo su almohada. Así que no veo nada terrible por ahora.

—Segundo —continuó Laura con énfasis creciente—: murió la hermana de Aristóteles y también su esposo Proxeno.

Lo sabemos porque el hijo de los dos, de nombre Nicanor, fue adoptado por Aristóteles en esta época. Nicanor se sumó a la pequeña corte de Mieza y llegó a ser uno de los militares más destacados del ejército de Alejandro.

—Bueno, no es tan terrible, esas cosas pasan —dijo Lucía sin alterar el gesto—, la gente nace y muere.

—Tercero —prosiguió Laura confiada, como quien todavía guarda su mejor baza—: murió Hermias... Sí, ya sé que la gente se muere, pero por fortuna no todos mueren como Hermias, tras sufrir horribles torturas.

Hermias de Atarneo fue hecho cautivo por los persas. Podemos conjeturar que éstos llegaron a descubrir los tratos que mantenía con el rey de Macedonia y pensaron que podrían hacerle hablar. Le sometieron a espantosas torturas, pero Hermias fue fiel a sus pactos hasta el final y no contó nada a los persas sobre los planes de Filipo. Se dice que como última voluntad pidió a los verdugos que hiciesen llegar a sus amigos la siguiente frase: "No he hecho nada malo o indigno de la filosofía".

—Es una frase en clave, obviamente, —proclamó encantada Laura—. Quiere decir que no ha cantado, que los planes para invadir Persia pueden seguir adelante porque el enemigo no sabe nada concreto. Aunque está claro que los persas conocían al menos las intenciones de Filipo, de lo contrario no se hubieran molestado en capturar al pobre Hermias.

—Sí, esto parece bastante terrible —apunté—. Además si es verdad que Hermias y Aristóteles habían llegado a ser muy amigos, Aristóteles debía de estar abatido.

Aristóteles

—Y yo diría que hasta con sentimiento de culpa —añadió Laura—, porque al fin y al cabo, fue él quien hizo el contacto entre Hermias y Filipo. En cualquier caso, da la impresión de que Aristóteles quería de verdad a Hermias; también le dedicó, como a Platón, un elogio póstumo:

> Virtud, fatigosa para la raza de los mortales,
> el premio más bello de la vida.
> Incluso el morir por tu causa,
> oh hermosa doncella, es un destino envidiable en la Hélade,
> o el soportar duros e incesantes trabajos.
> Tal fruto inmortal brindas tú al espíritu,
> fruto mejor que el oro,
> y que ilustre ascendencia y que el sueño de lánguidos ojos.
> por tu causa Heracles, nacido de Zeus, y los hijos de Leda
> soportaron muchas penalidades en las hazañas
> que emprendieron buscando poseerte.
> Por anhelo de ti bajaron Aquiles y Ayax a la mansión del
> /Hades.
> Y por amor de tu bella forma el infante de Atarneo
> ha dejado viudos a los rayos del sol.
> Por eso hará famosas sus hazañas el canto,
> y él será declarado inmortal por las Musas,
> hijas de la memoria,
> que recompensan la firme amistad
> y el culto de Zeus hospitalario.

—Puede que incluso el sentimiento de culpa le llevase a aceptar a Pitias como esposa —conjeturó Laura—. Hay que tener en cuenta que se casaron precisamente en esta época, muy probablemente tras la muerte de Hermias. Y Pitias era no sólo la sobrina de Hermias, sino también su hija adoptiva. Con el asesinato de Hermias, su hija quedaría en situación precaria y peligrosa.

—¿Así que tú supones —pregunté— que el matrimonio de Aristóteles con Pitias fue motivado por una mezcla de agradecimiento hacia Hermias y de sentimiento de culpa por su muerte?

—Exacto. Creo que Aristóteles se sintió responsable de la suerte de Pitias. Pero también creo que con el tiempo llegaron a quererse de verdad. Hay indicios en ese sentido. Aristóteles le dio a su hija primogénita el nombre de la madre, y además en su testamento dejó escrito esto: "Dondequiera que me entierren allí deben reposar los huesos de mi esposa Pitias, de acuerdo con su propia voluntad".

—Y ¿qué hay de Filipo? —se interesó de nuevo Lucía—, ¿no pudo hacer nada para salvar a Hermias?

—No pudo o no quiso, el caso es que no hizo nada. Y eso también tuvo que constituir una profunda decepción para Aristóteles. No es raro que por entonces dejase Mieza y se refugiase en su casa de Estagira, que ya había sido reconstruida.

En torno al año 340, cuando contaba unos cuarenta y cuatro años, Aristóteles se estableció en Estagira, su ciudad natal. Con él estaban ya su discípulo Teofrasto, sus sobrinos Calístenes y Nicanor y su esposa Pitias, además de varios sir-

Aristóteles acepta la antigua teoría de los cuatro elementos: tierra, agua, aire y fuego. Añade uno más, el éter. Según él, la tierra y el agua son graves, es decir, su lugar natural es el centro del Cosmos, por eso, si son sacados del mismo mediante un movimiento violento, tienden a volver al centro, siguiendo su movimiento natural, a lo largo de un radio. El aire y el fuego son leves, tienden a huir a lo largo de un radio hacia la periferia del Cosmos, hasta toparse con el éter. El éter, por último, tiene un movimiento natural eterno, como su propio nombre indica. De éter está constituida la Luna, los demás astros y, en general, todo lo que se halla más allá de la Luna, mientras que el mundo sublunar es el reino de los otros cuatro elementos. Y más allá de todos los cielos está Dios, que mueve sin moverse. Él mismo mueve todo como causa final, por alguna clase de atracción o amor.

vientes. Pronto el grupo se disgregó. Nicanor regresó a Macedonia, junto a Alejandro, pues Filipo salió en campaña hacia Bizancio y dejó a su jovencísimo hijo como regente. Calístenes viajó al santuario de Delfos para hacer investigaciones históricas en sus archivos. Y Teofrasto compró casa propia en Estagira, según consta en su testamento.

En su ciudad natal, Aristóteles se distanció de toda actividad política, y pudo reemprender con dedicación sus estudios filosóficos y científicos. Tanto él como Teofrasto quizá creyeron que su escuela quedaría establecida de manera definitiva en Estagira, que habían encontrado por fin un hogar para la filosofía y un puerto definitivo para ellos. Aristóteles emprendió entonces la redacción de alguno de sus más importantes tratados, sobre ética, filosofía política, física y metafísica, volvió a los estudios naturalistas con el tratado *Sobre las partes de los animales* y reunió de nuevo a su lado discípulos y colaboradores. Años fértiles y tranquilos, en los que además fue bendecido con el nacimiento de su primogénita. La niña recibió el nombre de Pitias, en honor a la madre.

—Por fin las cosas empezaban a irle bien —observé—. No entiendo por qué Aristóteles decidió irse también de Estagira.

—Pues sí —concedió Laura—, las cosas iban bien. Hasta los planes políticos por los que había trabajado tanto empezaban a fructificar: Filipo venció a los atenienses en la famosa batalla de Queronea, se hizo el dueño así de Macedonia y Grecia; todo parecía preparado para la campaña asiática.

—No creo que esto le importase ya mucho a Aristóteles —objetó Lucía—. Por lo que cuentas, a estas alturas era ya una persona decepcionada y alejada definitivamente de Filipo y de los manejos políticos de los macedonios.

—Es verdad que había sufrido demasiado a causa de las relaciones entre Atenas y Macedonia —aceptó Laura—. Seguro que no tenía ganas de colaborar de nuevo con la corte macedonia, ni de volver al ajetreo de Atenas... Pero el caso es que lo hizo. Si quieres un reto, Lucía, ahí lo tienes.

El regreso a Atenas y la fundación del Liceo (335-323 a.C.)

Nuestra cuarta jornada nos llevaría de nuevo a la ciudad de Atenas. Lucía, muy en su estilo, había preparado concienzudamente el informe sobre el que teníamos que trabajar, pero no se privó de empezar con una cariñosa venganza.

—¿De quién les parece que habla este párrafo? —preguntó Lucía mientras ironizaba con ademanes de flirteo.

"...morena y vigorosa como una fuerza primordial, de ojos negros y honda mirada oscura, tan hermosa, joven y vibrante, seductora, casi temible, tan simétrica en el rostro, rica en horas y en gracias, un mar acompasado bajo su peplo, como hija de olas y espumas...".

—Bueno, vayamos al trabajo —cortó Laura sintiéndose aludida—. Tu chica morena y hermosa puede ser cualquiera.

—Pero resulta que la descripción está pensada para Herpilis, la amante de Aristóteles —dijo Lucía.

—No sé quién es el autor —dije—, pero me parece que he descubierto el truco: estas descripciones están inspiradas en diosas griegas, la de Pitias en Palas Atenea y la de Herpilis en Afrodita.

—Pura fabulación entonces —dio por supuesto Laura.

—Sí, pura fabulación —zanjó Lucía—. Nadie sabe cómo era Herpilis. La verdad es que los historiadores han olvidado con mucha alegría a las mujeres, les dedican muy poca atención y es muy difícil saber nada concreto sobre ellas. Sólo he encontrado algo sobre Olimpia, la madre de Alejandro Magno y esposa de Filipo. Se ve que era muy guapa y también muy supersticiosa y amante de intrigar. Pero de las otras que nos interesan no hay ni una descripción fiable.

—Me parece injusto —dictaminó Laura.

—Sí que lo es —coincidió por una vez Lucía—. En general los griegos debían de ser bastante machistas. Tenían a las mujeres recluidas en el gineceo. El propio Aristóteles ha sido objeto de acusaciones en ese sentido por parte de algunas autoras contemporáneas, porque decía que en la reproducción de los animales el macho pone la forma y la hembra tan sólo la materia del nuevo ser.

—Pero entonces sólo nacerían machos —objeté—, y todos los seres vivos serían como clones de su progenitor masculino.

—Claro —continuó Lucía—, también yo pensé lo mismo, es lo primero que se le ocurre a cualquiera, así que busqué su tratado *Sobre la generación de los animales*.

—¿Y?

—Pues la cosa no es ni mucho menos tan sencilla. Propone una teoría de la reproducción y de la herencia de lo más elaborada, como se podía esperar de un naturalista cuidadoso. Dice que en la sangre de cualquier animal hay unos "movimientos" que son propios de cada individuo. Además, estos "movimientos" pasan a los fluidos seminales. Los fluidos del macho y los de la hembra se combinan en la reproducción dando lugar a la nueva combinación de "movimientos" que estarán presentes en la sangre y en el resto de los tejidos del nuevo ser vivo.

—Misterioso eso de los "movimientos", ¿no? —preguntó Laura—, ¿son algo parecido al genoma?

—Bueno, cumplen las mismas funciones, pero no creo que se parezcan en nada más —respondió Lucía—. En cualquier caso, sí que dice que se imponen los del macho, salvo que sean débiles.

—A lo mejor, al hacer biología estaba influido por los estereotipos sociales de su época —sugirió Laura—. Los griegos veían a la mujer como un ser inferior o más débil y Aristóteles acabó pensando que en la reproducción también la hembra es la parte más débil.

—No lo sé —admitió Lucía—. Hay quien dice que la ciencia es sólo eso, estereotipos sociales proyectados sobre la naturaleza, pero a mí me parece una exageración.

—Es una exageración —interrumpí—, porque en la misma sociedad y en la misma época hay opiniones científicas muy distintas. Los griegos son un buen ejemplo. Entre ellos hubo astrónomos heliocentristas y geocentristas, médicos y biólogos cardiocentristas, como Aristóteles, y otros cerebrocentristas, y así en todo. Don Garci dice que siempre que encontramos una opinión en un científico griego, podemos estar seguros de que encontraremos la contraria en algún otro.

—Además —prosiguió Lucía—, Aristóteles en lo personal no era el típico hombre griego, más bien parece una persona cuidadosa y cariñosa con las mujeres que lo rodearon.

—El clásico paternalista, vaya —remachó Laura.

—Pues sí, para qué negarlo —reconoció Lucía—, pero no de los peores. En su testamento se ve el cariño que le unía a su hija Pitias, para la que deja disposiciones muy favorables, y también a su madre y a su hermana, en cuyo honor encarga retratos y estatuas. Mira lo que dejó escrito en su testamento sobre Herpilis:

> Los ejecutores y Nicanor deben tenerme a mí en mente cuando tomen disposiciones concernientes a Herpilis: en memoria mía y del constante afecto que Herpilis ha tenido siempre hacia mí, juzgando por su abnegación al cuidarme que ha merecido lo mejor de mí, ellos le darán todo lo que necesite y tomarán cuidado de ella en cualquier otro aspecto.
>
> Si ella desease casarse, los ejecutores y Nicanor deben mirar que sea dada en matrimonio a un hombre de buena reputación, que no sea indigno de nosotros.
>
> Y junto a lo que Herpilis ya ha recibido deben darle un talento de plata de la hacienda, y tres sirvientes que ella elija junto a la sirvienta que ya tiene en el presente y al sirviente Pyrrheo.
>
> Si Herpilis decide permanecer en Calcis, ella vivirá en mi residencia, en la casa de huéspedes que hay junto al huerto. Y si prefiere vivir en Estagira, vivirá en la casa de mi padre y de mi abuelo.
>
> Y cualquiera de las dos casas que ella elija los ejecutores deben amueblarla con los muebles que juzguen propios y que la propia Herpilis apruebe y con los artículos domésticos que ella pueda necesitar y también cualquiera que ella pida como necesario según sus deseos.

—Efectivamente, no es de los peores —aseveró Laura—. Y además parece que estaba enamorado de Herpilis, y muy agradecido. ¿Cómo se conocerían?, ¿y por qué no se casaría con ella?

—No se casó —precisó Lucía—, pero hizo algo que entre los griegos se consideraba como un reconocimiento público similar al matrimonio: adoptó a Nicómaco, el hijo que tuvo con ella. Y sobre el otro asunto no tenemos noticias, no sé cómo pudieron conocerse... ¡ni cuándo!

—Sí, ese es un detalle importante —comentó Laura con aire de complicidad.

—He encontrado una versión que doy por verosímil, pero en absoluto segura. Creo que a ti te encantará —dijo Lucía dirigiéndose a Laura—. Pitias habría muerto durante el parto de su hija. Por eso a la niña la llamaron también Pitias, en memoria de la esposa de Aristóteles. Esto sucedió en Estagira y, al parecer, Herpilis era natural de esa tierra. Posiblemente fue tomada al servicio de Pitias. Cuando ésta murió, Herpilis se hizo cargo de la niña, y poco después...

—Del padre —interrumpió Laura—, como si lo viese.

—Exacto —dijo Lucía—. Lo cierto es que cuando Aristóteles volvió a Atenas ya estaba unido a Herpilis. Él tenía casi cincuenta años y ella era muy joven. Al poco tiempo de su llegada a la ciudad tuvieron un hijo, al que llamaron Nicómaco, esta vez en honor del padre de Aristóteles.

—Muy bien, pero todavía no sabemos por qué volvió a Atenas —recordé—, si podía haber seguido tan a gusto en Estagira. ¿Qué había cambiado?, ¿ya no había antimacedonios en Atenas?, ¿ya no odiaban a Filipo?

Aristóteles

—Ahora se los cuento —prometió Lucía—. Lo que pasa es que el último año en Estagira fue tremendo, más que un año parece una sacudida sísmica. Cambió todo en la vida de Aristóteles.

—Sí, ya nos has dicho que nació su hija, murió su esposa y tomó una amante —resumió Laura.

—Todo eso y mucho más —anticipó Lucía—. Los cambios fueron drásticos, y no sólo para él, sino también para todos los griegos y macedonios.

El rey Filipo decidió tomar una nueva esposa y postergar a Olimpia, la madre de Alejandro. Si tenía ya pocos enemigos, con esta maniobra logró algunos más, y bien cercanos. Olimpia ya se había acostumbrado a las infidelidades de Filipo y a los celos, pero un nuevo matrimonio, con una mujer joven, ponía evidentemente en peligro las posibilidades sucesorias de su hijo..Y eso sí que era realmente alarmante para ella, para el propio Alejandro y para una buena parte de la corte. Al parecer el mismo Aristóteles desaconsejó la boda, pues creía que traería inestabilidad al reino. Pero la ceremonia se celebró, eso sí, con final trágico: durante la misma Filipo fue asesinado. Quizá los persas enviaron dinero a Demóstenes para que éste urdiera el complot. Sabemos que en los libros de contabilidad persas figuran anotaciones de pagos efectuados a Demóstenes.

—Por valor de 300 talentos, para ser exactos —añadió Lucía complacida.

Además sabemos que Demóstenes propuso a los atenienses que celebrasen la muerte de Filipo y que rindiesen honores a la persona que lo mató. Aun así, para explicar semejante fallo en la seguridad del rey —lo apuñaló un solo hombre— habría que contar con los nuevos enemigos que Filipo se había ganado en su propia corte. Es decir, puede que Olimpia no estuviese del todo al margen de la operación.

Alejandro, que contaba apenas veinte años, se hizo cargo del trono a la manera en que se solían llevar estas cosas en la corte macedonia, es decir, eliminando a cuantos se oponían a su candidatura. Pronto tuvo controlada la situación en Macedonia, pero Demóstenes instigó la sublevación de Tebas contra Alejandro. Creyó que, con Filipo muerto, los macedonios estaban acabados. Consideró a Alejandro como poco más que un muchacho inexperto, y recomendó la rebelión a todo el que le quiso oír, tanto en Tebas como en Atenas. Se equivocó. Alejandro redujo la insurrección tebana con pavorosa energía y los atenienses, aterrados, corrieron a rendirle honores. Aristóteles intercedió ante su antiguo discípulo y nuevo rey para que no destruyese la ciudad. Incluso Demóstenes y los suyos se libraron de las represalias. Esta actitud le valió el agradecimiento de los atenienses, y muchos de ellos le pidieron que regresase a la ciudad. Unos porque realmente simpatizaban con la causa macedonia, otros porque veían en la presencia de Aristóteles y su escuela una suerte de protección para la polis ateniense frente a las iras de Alejandro.

—Y otros —agregó Laura con realismo— sencillamente porque se pusieron del lado del ganador. Nada nuevo bajo el sol, ¿verdad?

—Sea por lo que fuere —continuó Lucía—, los atenienses le erigieron una placa de agradecimiento en estos términos:

El pueblo de Atenas agradece a Aristóteles de Estagira, hijo de Nicómaco, los muchos beneficios que ha logrado para la ciudad y el gran número de sus actos de asistencia, y especialmente su intervención ante el Rey de Macedonia, con el propósito de promover el interés y la salud de Atenas, y le confiere esta distinción y elogio.

—No sabemos qué opinión podía tener Aristóteles sobre todos estos acontecimientos —comentó Lucía—. Supongo que estaría encantado con que su discípulo hubiese llegado tan alto. Pero, por otro lado, lo conocía muy bien y sabía que de Alejandro se podía esperar lo mejor y lo peor.

Aristóteles sabía que Alejandro era buen lector y buen amigo de sus amigos, que admiraba la cultura ateniense y que albergaba un deseo cierto de actuar en nombre no sólo de Macedonia sino también de las polis griegas. No obstante, también conocía su indomable y cegador afán de gloria. Cuando estaba a su cargo en Mieza ya le oyó quejarse de los éxitos de Filipo diciendo: "¿Será posible, amigos, que mi padre se anticipe a tomarlo todo y no nos deje a nosotros nada brillante y glorioso en que podamos acreditarnos?".

—En resumen —concluí—, gracias a la protección de Alejandro y al agradecimiento sincero o no de los atenienses, Aristóteles tuvo la oportunidad de instalar su escuela en la capital cultural del mundo.

—Y no la desaprovechó —confirmó Lucía.

En el año 335 Aristóteles regresó a la ciudad de Atenas, junto con su compañera Herpilis, su hija Pitias, y unos cuantos sirvientes. Varios discípulos y colaboradores le siguieron también en este viaje, de modo que pudo darle continuidad a sus actividades científicas y filosóficas. Tuvo ocasión de haberse reincorporado a la Academia platónica, en la que había pasado su juventud. Recordemos que a la muerte de Platón la escuela fue dirigida por Espeusipo, y que la relación entre éste y Aristóteles era de todo menos amable. Pero cuando Aristóteles llegó a Atenas, Espeusipo ya había muerto. Al parecer se suicidó víctima de la melancolía. La Academia quedó entonces a cargo de Jenócrates, con quien Aristóteles mantenía una buena y antigua relación. Sabemos que el nuevo escolarca —director o jefe de la escuela— invitó al recién llegado a que se reintegrase en la Academia, pero esta escuela ya no resultaba en absoluto atractiva para Aristóteles. El dinamismo intelectual y la originalidad de la misma habían decaído considerablemente tras la muerte de Platón, la orientación de las investigaciones que en ella se llevaban a cabo era ya muy distinta de la que había puesto en marcha Aristóteles en los últimos años. Los platónicos se afanaban en una especie de obsesión por ordenar y clasificar todas las entidades mediante árboles lógicos, mientras que Aristóteles había orientado ya su investigación hacia el estudio y la observación de los seres vivos concretos. En cuanto al pensamiento político, los platónicos tenían una clara inclinación utópica, mientras que Aristóteles era un realista de corte reformista. También en ética se manifestaba más como una persona de sensatez y sentido común que como un doctrinario. Su filosofía ya estaba lejos del platonismo en otros puntos muy importantes. Rechazaba, por ejemplo, la teoría de las Ideas.

Aristóteles

—En la Academia se estudiaba mucha geometría y astronomía —aclaró Lucía—, pero Aristóteles creía que también había que darle importancia a los estudios biológicos. He encontrado citado en muchos sitios un texto precioso sobre la conveniencia de hacer estudios biológicos:

Respecto a las plantas y animales tenemos más medios para su conocimiento, porque convivimos con ellos. Cualquiera que se tomase la molestia podría obtener muchos datos sobre cada género.

Nuestra relación con los seres vivos, como es más profunda y extensa, nos permite un conocimiento aventajado. Además, su proximidad a nosotros y afinidad de naturaleza, restablecen el equilibrio con la filosofía que trata de lo divino. Incluso en animales poco gratos a nuestros sentidos, la naturaleza, que los construyó, también ofrece a quienes los estudian extraordinario placer, siempre que sean capaces de reconocer las causas y posean una natural inclinación al saber. Si disfrutamos contemplando las imágenes de los seres vivos, porque admiramos el arte que las produjo, sea la pintura o la escultura, sería ilógico y extraño que no apreciásemos todavía más la observación de los propios seres compuestos por la naturaleza, al menos si podemos advertir sus causas.

Por eso, uno no debe sentir una pueril repugnancia al examen de los animales más sencillos, pues en todos los seres naturales hay algo de admirable. Así como Heráclito —según cuentan— invitó a pasar a unos visitantes extranjeros, que se detuvieron al verlo calentándose junto al horno, diciendo: 'Aquí también hay dioses'; así mismo debemos acercarnos sin reparos a la exploración de cada animal, pues en todos hay algo de natural y hermoso.

Cabeza de mármol de Aristóteles.
Circa 325 a. C.

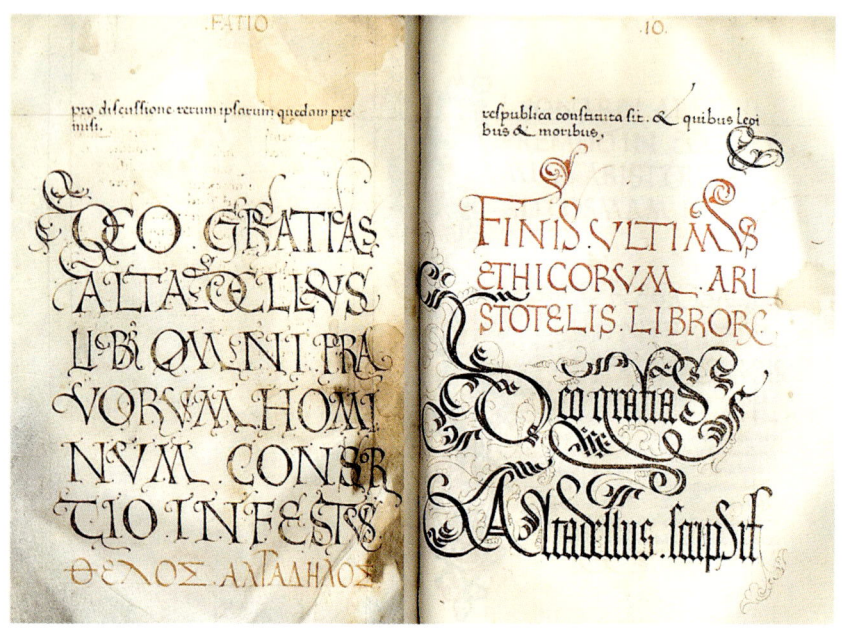

Estas páginas
Colofones y página interior del tratado Ética Nicomaquea *que el filósofo
dedicó a su hijo Nicómaco, con quien compartió el exilio de Eubea.
En este libro, Aristóteles expone su teoría de la virtud y de la felicidad.
Para él la virtud se ubica en el justo término medio. Por ejemplo,
uno debería ser valiente y no cobarde o temerario.
El tema de la ética, pues, son las acciones del hombre como individuo.
Estos manuscritos fueron traducidos por Leonardo Aretino Bruni
alrededor de los años 1458-1459 en Nápoles, Italia, o quizás en Cataluña, España.*

ἈΡΙΣΤΟΤΈΛΟΥΣ ἨΘΙΚῶΝ ΝΙΚΟΜΑΧΕΊΩΝ, ΤῸ Α´.

Πᾶσα τέχνη καὶ πᾶσα μέθοδος, ὁμοίως δὲ πρᾶξίς τε καὶ προαίρεσις, ἀγαθοῦ τινὸς ἐφίεσθαι δοκεῖ. διὸ καλῶς ἀπεφήναντο τἀγαθόν, οὗ πάντ᾽ ἐφίεται. διαφορὰ δέ τις φαίνεται τῶν τελῶν· τὰ μὲν γάρ εἰσιν ἐνέργειαι, τὰ δὲ παρ᾽ αὐτὰς ἔργα τινά. ὧν δ᾽ εἰσὶ τέλη τινὰ παρὰ τὰς πράξεις, ἐν τούτοις βελτίω πέφυκε τῶν ἐνεργειῶν τὰ ἔργα. πολλῶν δὲ πράξεων οὐσῶν καὶ τεχνῶν καὶ ἐπιστημῶν, πολλὰ γίνεται καὶ τὰ τέλη. ἰατρικῆς μὲν γὰρ ὑγίεια, ναυπηγικῆς δὲ πλοῖον, στρατηγικῆς δὲ νίκη, οἰκονομικῆς δὲ πλοῦτος. ὅσαι δ᾽ εἰσὶ τοιούτων, ὑπὸ μίαν τινὰ ἀρετήν, καθάπερ ὑπὸ τὴν ἱππικὴν χαλινοποιητικὴ καὶ ὅσαι ἄλλαι τῶν ἱππικῶν ὀργάνων εἰσίν· αὕτη δὲ καὶ πᾶσα πολεμικὴ πρᾶξις ὑπὸ τὴν στρατηγικήν· κατὰ τὸν αὐτὸν δὴ τρόπον ἄλλαι ὑφ᾽ ἑτέρας· ἐν ἁπάσαις δὴ τὰ τῶν ἀρχιτεκτονικῶν τέλη πάντων ἐστὶν αἱρετώτερα τῶν ὑπ᾽ αὐτά· τούτων γὰρ χάριν κἀκεῖνα διώκεται. διαφέρει δ᾽ οὐδὲν τὰς ἐνεργείας αὐτὰς εἶναι τὰ τέλη τῶν πράξεων, ἢ παρὰ ταύτας ἄλλο τι, καθάπερ ἐπὶ τῶν λεχθεισῶν ἐπιστημῶν. εἰ δή τι τέλος ἐστὶ τῶν πρακτῶν ὃ δι᾽ αὑτὸ βουλόμεθα, τἆλλα δὲ διὰ τοῦτο, καὶ μὴ πάντα δι᾽ ἕτερον αἱρούμεθα, πρόδηλον ὡς τοῦτ᾽ ἂν εἴη τἀγαθὸν καὶ τὸ ἄριστον. ἆρ᾽ οὖν καὶ πρὸς τὸν βίον ἡ γνῶσις αὐτοῦ μεγάλην ἔχει ῥοπήν

Τὸ ἀγαθόν
Διαφορὰ τῶν τελῶν

Iconografía

Arriba

Entre las aportaciones más valiosas de Aristóteles están las referentes a la biología y la fisiología. En todo momento, el filósofo parte de la observación y estudio de la realidad para formular sus teorías. Este fresco del siglo IV lo muestra en una sesión de anatomía.

Página anterior

Platón, a la izquierda, sostiene el Timeo, *obra que recoge sus teorías metafísicas, y apunta hacia las cosas superiores. Aristóteles, a su vez, muestra su* Ética, *y sugiere con su gesto que no ha de perderse nunca el contacto con la realidad. Estas dos corrientes opuestas han vertebrado la historia de la filosofía a lo largo de los siglos.*

Iconografía

El padre de la lógica. *La lógica aristotélica se mantuvo como uno de los pilares de la educación superior cristiana a lo largo de toda la Edad Media y más allá de ella. En este cuadro de la catedral de Le Puy, pintado en 1502, aparecen la* Lógica *de Aristóteles y la* Retórica *de Cicerón.*

Página siguiente
Alegoría de las artes liberales. *En este cuadro renacentista, pintado dos mil años después de su muerte, Pitágoras es todavía visto como la expresión más alta de las artes liberales, gracias a sus aportaciones en el campo de las matemáticas. Aristóteles, que sostiene un libro, en la primera fila, aparece como homenaje a su lógica.*

Aristóteles

Iconografía

Busto del filósofo y científico griego.
Circa 344 a. C.

Alfredo Marcos

—¿Qué les parece? —preguntó Lucía—. Dicen que Aristóteles no escribía bien. Lo que pasa es que lo que nos ha llegado de él son apuntes y notas para dar las clases. No creo que se molestase mucho en redactarlos. De hecho, cuando dejó la Academia dejó también de escribir diálogos y textos para el público. Pero este pasaje está muy bien escrito. Es como si quisiera hacer propaganda de su escuela frente a la Academia. Se ve que cuando quería escribir para el público sí que tenía buen estilo.

—A mí me da la impresión —apunté— de que algunos muchachos preferían ir a la Academia, donde no les hacían tocar bichos repugnantes, y con este texto Aristóteles trata de convencerles de que hay que mancharse las manos para investigar, de que incluso en los animalejos más humildes hay belleza si se sabe ver.

—A lo mejor es como dices —reconoció Lucía—. El caso es que Aristóteles ya no estaba dispuesto a volver con los platónicos.

El prestigio intelectual de Aristóteles era ya superior al de los académicos, y, desde luego, mucho mayor que el de Jenócrates. Podía ser tenido en ese momento por el filósofo más importante de Grecia. Añadamos a esto que contaba con medios económicos propios y con el apoyo político de los macedonios para fundar su propia escuela. Y eso fue lo que hizo. La ciudad de Atenas le facilitó el uso de edificios e instalaciones públicas en los jardines dedicados al dios Apolo Licio. Éste es el origen del nombre con el que se conoce a la escuela aristotélica: el **Liceo**.

Aristóteles

Los jardines y el gimnasio del Liceo estaban situados al noreste de Atenas, fuera de la muralla, saliendo por la puerta llamada de Diocaris. Muy cerca corrían los ríos Ilisio y Eridano. Disponía de un santuario dedicado a las Musas, así como de avenidas arboladas y pórticos por los que solía pasear Aristóteles en compañía de sus discípulos. De ahí les viene el apodo de **peripatéticos**. Seguramente Aristóteles dispuso también de algún edificio en el que ubicar su nutrida biblioteca, así como sus colecciones de historia natural, mapas, **periplos** y otros materiales de la escuela.

—Ahora que ya lo querían los atenienses —preguntó Laura—, él se involucraría más en la vida ciudadana, ¿no?

—No sé si lo querían, pero por lo menos ahora sí que lo respetaban —dijo Lucía—. Aun así tampoco en esta época se integró plenamente en la vida pública ateniense. Se dedicó muy a fondo al trabajo científico y al trato con sus discípulos y con su familia, que vio incrementada con el nacimiento de su hijo Nicómaco.

—No se divertía mucho este hombre —comentó Laura—, con tanto trabajo y tanta familia.

> LICEO. Aristóteles fue el fundador de una institución académica de largo recorrido histórico, que constituye uno de los precedentes de las actuales universidades. Y, con la institución, fundó también un nuevo modo de entender el saber y de hacer ciencia, una forma de trabajo en equipo, con tareas planificadas y distribuidas entre los diferentes miembros de su escuela.
>
> PERIPATÉTICOS. La escuela de Aristóteles también es conocida como escuela peripatética, dado que acostumbraban impartir clases mientras paseaban por el perípato, o paseo porticado del Liceo.
>
> PERIPLOS. Obra en la que se cuenta un viaje de circunnavegación. Suele incluir descripciones de costas, puertos, paisajes y también referencias a flora y fauna de los lugares recorridos.

Alfredo Marcos

—Bueno, la vida en el Liceo no parece que haya sido aburrida —precisó Lucía—, y sobre esto sí tenemos datos concretos. Sabemos hasta el horario que tenían.

En el Liceo las mañanas se dedicaban a las materias más difíciles y profundas, en clases pensadas para los ya iniciados. Trataban sobre materias científicas y también sobre ética y sobre la llamada filosofía primera, es decir, metafísica. En cambio por la tarde se impartían una especie de conferencias abiertas, por ejemplo sobre retórica, a las que podía asistir cualquier ciudadano que estuviese interesado. Pero además, Aristóteles trató de favorecer la proximidad y la relación humana entre los miembros de la escuela. Entendía la investigación como una tarea común, e insistió en la idea de que no se pueden obtener buenos resultados si no es en un ambiente de confianza y amistad. Igual que en otros grupos humanos los miembros se llaman "compañero", "colega" o "camarada", los del Liceo se llamaban mutuamente "amigo". Aristóteles escribió muchas páginas sobre la amistad en sus obras éticas. Le daba mucha importancia a esta relación afectiva entre las personas. Llegó a decir que el malvado no es ni siquiera amigo de sí mismo, y que el amigo es como otro yo, y la amistad una única alma que habita en dos...

—Así que ya saben, chicas, si queremos hacer un buen trabajo lo primero es que cultivemos una buena amistad.

—Veo que *tú* lo has entendido —remachó Lucía, antes de proseguir.

Para fomentar el ambiente de amistad se organizaban periódicamente comidas en el Liceo.

—¿Y se puede saber qué manjares se despachaban los "amigos" de Aristóteles? —preguntó Laura.

—No exactamente —respondió Lucía—, pero sí me he enterado de lo que solían comer los griegos de la época. A diario hacían una sola comida fuerte, más o menos al atardecer. Solían tomar una especie de sopa de sémola que llamaban *kykión*, aderezada con algo de tomillo, menta, poleo o canela. La acompañaban con pan de cebada y alguna sardina. Pero en los banquetes no eran tan parcos. Tomaban pan candeal, aves, cordero y cochinillo, mariscos, sepia, anchoas y otros pescados variados. Los postres podían ser pasteles, fruta seca, higos, nueces y uvas. Y bebían vinos de diversa procedencia. Tenían fama los de Tasos, Lesbos, Rodas y Quíos.

—Vaya, no se pasaba mal en los banquetes —apunté.

—Claro, es que hasta *yo* entiendo —dijo Laura sonriente— que para hacer un buen trabajo de investigación hace falta una buena merienda. Así que ya sabes, Lucía, hoy que estamos en tu casa, a ver cómo te portas.

—En cuanto acabe de leerles esto saco el vino de Lesbos, Laurita.

—Pues yo prefiero chocolate —me apresuré a pedir—, aunque no sea nada griego. Pero sigue, sigue...

Aristóteles emprendió una nueva forma de investigar. Dividió el trabajo científico entre sus colaboradores, buscando la especialización de cada uno de ellos, pero también la comunicación entre todos y la integración de los distintos saberes bajo una mirada filosófica. Calístenes ya había colaborado con su tío, antes de partir con Alejandro, en la redacción de una historia de los juegos Píticos y en la colección de constituciones de distintas ciudades, empezando por la de Atenas. Esta colección llegó a alcanzar la cifra de 158 constituciones. Como agradecimiento al trabajo realizado sobre los juegos Píticos, se les erigió a Calístenes y a Aristóteles una placa en la ciudad de Delfos. Teofrasto seguía, al lado de su maestro, trabajando en botánica y en historia de la física. Además se les unieron en Atenas otros discípulos, como Menón, que se encargó de redactar una historia de la medicina; Eudemo de Rodas, a quien se le encargó una historia de las matemáticas; Demetrio, que se ocupó de elaborar una recopilación de cuestiones relacionadas con la obra de Homero, y otros, que en conjunto contribuyeron a la redacción de los llamados "Problemas".

Aristóteles les enseñaba a todos a ser fieles a la realidad y a exponer el conocimiento de manera sincera, diciendo lo que se sabe, pero sin ocultar lo que se ignora y lo que se duda.

Teofrasto y Eudemo de Rodas fueron, durante la época del Liceo, los colaboradores más cercanos a Aristóteles, hasta tal punto que en Atenas conocían a ambos como "los compañeros de Aristóteles". Cuando el maestro tuvo que decidir en manos de quién dejaría el Liceo se inclinó por Teofrasto. Entonces Eudemo regresó a su tierra natal de Rodas y fundó allí una especie de extensión del Liceo. Eudemo siguió en contacto con el Liceo y parece ser que en términos de buena amistad con Teofrasto.

—Quizá el desplazamiento de Eudemo a Rodas fue un movimiento estratégico pactado con Aristóteles y Teofrasto —sugirió Laura.

—Es muy posible —admitió Lucía—, porque como los tres eran extranjeros, ninguno de ellos podía adquirir propiedades en Atenas. En realidad la escuela de Aristóteles estaba como préstamo en Atenas, y la presencia del propio Aristóteles dependía de las circunstancias políticas. Es razonable que enviaban a Eudemo a Rodas para salvar la escuela si las cosas se ponían feas en Atenas. Bueno, de hecho, se llevó copias de muchos textos, entre ellos las notas sobre ética de Aristóteles, y escribió a Teofrasto para que le enviase más.

—Y por lo que sucedió después —añadí—, no les faltaba razón para actuar así.

—Tienes razón —asintió Lucía—, los últimos años en Atenas fueron muy duros para Aristóteles, hasta el punto de que tuvo que exiliarse. Pero eso es mejor que lo estudies tú para el próximo día. Mi informe ha terminado. Ahora a merendar… pero les advierto que se me ha acabado el vino griego, así que tendrán que conformarse los dos con chocolate y queso.

El exilio en Eubea (323-322 a.C.)

Me había ocupado de la infancia de Aristóteles. Ahora, quizá por una especie de justicia poética, me tocaba estudiar de cerca el último año de su vida. Alfa y omega, ya que de griegos hablamos. Bueno, de eso y de preparar algo de comer para Afrodita y Palas Atenea. Sabía que de las dos tareas la segunda iba a ser la más comprometida: no es fácil satisfacer a las diosas.

Aristóteles salió de Atenas en el año 323. Se exilió en la isla de Eubea, concretamente en la ciudad de Calcis, donde poseía una casa heredada de su familia materna. Si hubiese permanecido en Atenas probablemente habría tenido que hacer frente a un proceso parecido al que sufrió Sócrates. A eso se refería Aristóteles cuando afirmó que no quería que Atenas pecase por segunda vez contra la filosofía.

—Por las mismas fechas en que Aristóteles huyó de Atenas —añadí— moría Alejandro Magno en Babilonia. Es muy probable que los dos sucesos hayan tenido alguna relación. Pero para entenderlo tenemos que remontarnos unos pocos años atrás.

—Ya les dije que los últimos años en Atenas habían sido muy duros para Aristóteles —recordó Lucía.

—Más que duros, tristes, diría yo.

—Pues no lo entiendo —intervino Laura—, el Liceo iba viento en popa; su mujercita, por lo que cuentan, le atendía divinamente, estaba acompañado por sus hijos y discípulos, además había logrado colocar a sus sobrinos Calístenes y Nicanor junto al poderoso Alejandro, y, por si fuera poco, éste ya había conquistado un imperio.

—Sí, pero la dicha nunca es completa —respondí—. Es verdad que Alejandro ya se había hecho con Egipto y Persia, incluso planeaba llegar hasta la India. Aristóteles podía estar contento de que su discípulo fuese ahora el hombre más poderoso de la Tierra. Pero lo cierto es que Alejandro, a medida que aumentaba su poder, se iba endiosando más y más.

—Normal, ¿no? —preguntó Laura entre irónica y cínica—. ¿No les sucede eso a todos los poderosos?

—Hay de todo, Laura. Pero Alejandro estaba llegando ya a extremos patológicos —respondí—. Le dio por decir que era hijo de un dios, y que merecía que todos lo adoraran. Lo peor es que sus nuevos súbditos persas aceptaron la humillación.

—¿Y los griegos cómo se lo tomaron? —inquirió Laura.

—Mal, muy mal —continué—. Y uno de los que reaccionó con más dignidad, pero también con mayor temeridad, fue Calístenes, el sobrino de Aristóteles. Se negó a postrarse ante Alejandro y a rendirle adoración.

—¿Y cómo lo tomó Alejandro? —volvió Laura a la carga.

—Pues mal, muy mal, tan mal que mandó matar a Calístenes —respondí. Esto ocurrió sobre el año 326.

—¿Así, sin más, por no postrarse ante él? —replicó Laura incrédula.

—Bueno, el rey se inventó como disculpa que Calístenes estaba liderando una conspiración contra él —aclaré.

—Ya, la famosa teoría de la conspiración —comentó Lucía—; siempre hay alguna conspiración a mano para justificar cualquier atrocidad.

—Exactamente eso fue la muerte de Calístenes: una atrocidad. Se cuentan varias versiones —dije—, y todas son tremendas. Parece ser que torturaron y mutilaron al pobre Calístenes, y que acabó sus días metido en una jaula junto con un perro hambriento. En los detalles la historia y la leyenda se confunden, pero en lo esencial sí podemos dar por cierto que Alejandro mandó torturar y ejecutar al sobrino de Aristóteles.

—Y Aristóteles… —preguntó Laura según era previsible— ¿cómo se lo tomó?

—Mal, Laura, muy mal. Su amistad con Alejandro no sólo se enfrió, sino que se convirtió en hostilidad abierta. Incluso se conoce una carta de Alejandro que constituye una evidente amenaza para el propio Aristóteles:

> Alejandro para Antípatro, en el año primero de la olimpiada 113: los jóvenes que han participado en la conjura contra mí ya han sido apedreados hasta la muerte por mis guerreros macedonios, pero al sofista Calístenes lo castigaré yo mismo, y también a quien le envió acá, a quien da acogida en su casa a los traidores contra mí.

—¿Tú crees que Aristóteles llegó a conocer esta carta? —me preguntó Laura intrigada.

—Nadie lo sabe, pero yo creo que sí.

—Eso sí que es una conjetura gratuita —objetó Lucía.

—No tanto —respondí—. Antípatro siempre fue un amigo leal de Aristóteles, hasta el final. Recuerda que el filósofo lo nombró depositario de su testamento. Además el propio Antípatro tenía motivos para desconfiar de Alejandro, quien primero le dejó en Europa como su hombre de confianza, pero más tarde intentó destituirle. Hasta es posible que Alejandro enviase la carta a Antípatro precisamente porque sabía que éste se la daría a conocer a Aristóteles. Así se aseguraba de que el aviso iba a surtir efecto sin rebajarse a amenazar él directamente a su maestro.

—O sea, que Alejandro pasó de amigo y protector de Aristóteles a enemigo público del filósofo —sentenció Laura.

—Y a partir de ese momento la posición del filósofo en Atenas volvía a ser muy frágil —añadí—, aunque nadie se atrevió todavía a proceder contra él abiertamente.

—Sabia cautela: nunca se puede descartar la reconciliación de los viejos amigos, ¿verdad? —sugirió Laura.

—Pero cuando Alejandro murió, en el año 323, toda precaución estaba ya de sobra —anticipó Lucía.

—En ese momento llegó a oídos de Aristóteles que se estaba preparando un proceso contra él. Iba a ser acusado de impiedad —precisé.

—¿Tenían pruebas contra él? —se interesó Laura.

—Era todo una farsa para conseguir la condena —respondí—. Lo importante para los nacionalistas atenienses era lograr la condena del filósofo extranjero. Sólo pensaban presentar en su contra el poema que escribió para honrar a Hermias. Si uno lo toma con mala intención puede interpretar cualquier cosa, incluso que Aristóteles divinizaba a Hermias, que lo confundía con un dios.

—El caso es que se enteró a tiempo, tomó a su familia y se largó. ¿Ven cómo tenía informantes? —susurró Laura—. Un buen espía siempre tiene buenos... contactos.

—Se largó, como tú dices, pero esta vez hubiera sido peligroso para él regresar a Estagira, pues la situación era inestable tras la muerte de Alejandro. Así que —continué—, se refugió en Eubea. Allí se dedicó a trabajar en la ética y en el tratado *Sobre la generación de los animales*. También estuvo ocupado en luchar contra una enfermedad de estómago que finalmente le causaría la muerte.

Tras la muerte de Aristóteles comenzaron a circular leyendas espurias, extravagantes o simplemente exageradas sobre su vida y costumbres difundidas por sus enemigos. Se decía que le gustaba adornarse con muchos anillos, o que coleccionaba vasijas y todo tipo de extraños recipientes, que se bañaba en aceite o que adoraba a Hermias como a un dios. En otra versión resultaba ser un adorador de su esposa Pitias. Se le acusó también de participar en el complot que supuestamente causó la muerte de Alejandro. Cada una de estas leyendas calumniosas pudo tener una cierta base. Por ejemplo, la que se refiere a Hermias estaba obviamente relacionada con la amistad que les unió en vida y con el poema que le dedicó a su muerte. Sobre la muerte de Alejandro, lo único que está claro es que Aristóteles pudo tener motivos para desearla, pero, desde luego, el resto es pura leyenda.

—¿A qué ética te refieres? —preguntó Lucía—, porque he leído que dedicó un tratado de ética a su hijo Nicómaco y otro a Eudemo de Rodas.

—Es verdad que uno de sus tratados de ética se llama *Ética Eudemia* y otro *Ética Nicomaquea* —respondí—, pero en realidad no se trata de dedicatorias, los griegos no acostumbraban dedicar los libros.

—Entonces —siguió Lucía—, ¿a qué vienen esos títulos?

—La razón —aventuré— podría ser que Eudemo se llevó una copia de la Ética a Rodas, ¿recuerdas?, mientras Aristóteles siguió trabajando sobre este tema. Al parecer nunca dio por cerrados sus escritos, sino que los iba modificando a medida que lo creía conveniente. Puede ser que una versión más avanzada de la Ética se la dejase a su hijo Nicómaco, con quien compartió el exilio de Eubea. De ese modo, tendríamos dos versiones de la ética; lade Eudemo y la de Nicómaco.

—Hasta es posible que el hijo, ya adolescente, asistiese a su padre, anciano y enfermo, como escriba o algo parecido, ¿no crees? —sugirió Laura.

—Quién sabe, es posible —admití—. Pero lo más importante no son los títulos de las obras, sino su contenido.

En la *Ética Nicomaquea*, Aristóteles expone su teoría de la virtud y de la felicidad. Para él la virtud se ubica en el justo término medio. Por ejemplo, uno debería ser generoso, y no tacaño ni derrochador, uno debería ser valiente, y no cobarde o temerario.

—Eso es muy fácil decirlo —arguyó Lucía—, pero ¿cómo se sabe cuando estamos en el justo término medio?, ¿qué fórmula hay que utilizar para calcularlo? ¿Si yo gano 20 tendría que gastar con los amigos 10?, ese es el término medio, ¿no?

—¡Qué cuadriculada eres, Lucía! —aprovechó la ocasión Laura—. No es una cuestión matemática, es cosa de sentido común, de sensatez, de *savoir faire*, "*monamur*". Además depende de la ocasión, de las circunstancias. Por ejemplo, la semana que viene es tu cumpleaños, ¿no?...

—Mira Luis, alguien se acuerda —me espetó Lucía.

—... Pues la ocasión es perfecta para que te gastes *toda* tu paga en invitarnos, ¿comprendes?

—O sea, que según tú —se asombró Lucía— en esa ocasión el término medio es... ¡todo!

—Exacto —sentenció Laura.

—Entonces —recordó Lucía—, ¿por qué en tu cumpleaños no nos invitaste a *nada*?

—Esto... pues por pura prudencia —se disculpó Laura sin mucha convicción—, dadas mis circunstancias, claro: estaba en la purita ruina.

—No sé si Aristóteles llamaría a eso prudencia o simple imprevisión —comenté.

Aristóteles define la prudencia (en griego *phrónesis)* como "una disposición racional verdadera y práctica respecto de lo que es bueno y malo para el hombre". No obstante, para aprender lo que es la prudencia no sirve la mera definición sólo "podemos comprender su naturaleza considerando a qué hombres llamamos prudentes". Es decir, que sólo entendemos qué es la prudencia si nos fijamos en cómo actúan las personas que llamamos prudentes, aquellas a las que admiramos porque en todo momento saben lo que hacer, toman las decisiones de modo oportuno y normalmente acertado. En definitiva, no podemos determinar qué es o no virtuoso sin que concurra la persona prudente. La prudencia más que un saber abstracto es un *saber-hacer* que se da en ciertas personas concretas. Pero si la prudencia es imprescindible para determinar el justo término medio, y por tanto la virtud, Aristóteles

también afirma que "es imposible ser prudente no siendo bueno". Luego, nadie podría ser prudente sin serlo ya antes. O como dice el propio Aristóteles: "Lo que hay que hacer después de haber aprendido lo aprendemos haciéndolo".
—Pero esto es un círculo... —titubeo Lucía— ¡vicioso!
—O virtuoso —continué—, según se mire.
El aprendizaje de la prudencia se resuelve mediante la educación y la acción, es decir, mediante la acción guiada por alguien prudente mientras uno mismo no haya adquirido la prudencia.

> Con razón se dice, pues, que realizando acciones justas se hace uno justo, y sin hacerlas ninguno tiene la menor posibilidad de llegar a ser bueno. Pero los más no practican estas cosas, sino que se refugian en la teoría. Se comportan de un modo parecido a los enfermos que escuchan atentamente a los médicos y no hacen nada de lo que les prescriben.

—Bien —intervino Laura—, ¿pero para qué sirve todo eso?, ¿qué se logra al final con tanta prudencia y tanta virtud?
—Pues nada menos que la felicidad —respondí.
—Me interesa más la felicidad que la virtud —aclaró Laura.
—Malas noticias —tuve que desengañarla—: van juntas, según el filósofo.
La prudencia, afirma Aristóteles, no busca sólo fines parciales, sino, en última instancia, el "vivir bien en general". O sea, que la prudencia es la mejor estrategia para aproximarnos a la felicidad, y recuerda que nadie es prudente sin ser virtuoso.

—Ya, pero puede que Aristóteles y yo no entendamos lo mismo por "felicidad" —no se rindió Laura.

—La respuesta que da Aristóteles es casi de puro sentido común —expliqué—, y muy realista. Somos animales racionales y políticos, ¿no?

—A mí no me interesa la política —replicó Laura.

—No se trata de eso —intervino Lucía—, políticos quiere decir que por naturaleza vivimos en sociedad, en *polis*. O sea, que eso de vivir rodeados de gente no es un mal menor que soportamos para poder comer o para no aburrirnos, es lo que pide nuestra propia naturaleza.

—Bien —proseguí—, entonces seremos felices si nos va bien nuestra vida animal, social e intelectual, es decir, si tenemos un aceptable grado de bienestar, sin privaciones o sufrimientos extremos, un entorno social propicio, familia, amigos, conciudadanos... y una próspera vida intelectual.

La piedra angular en la que se apoya la *Metafísica* de Aristóteles es su doctrina de la potencia y el acto. Gracias a la misma consigue explicar el ser de las cosas, pero también el cambio, el movimiento, el devenir. Según Aristóteles, el mundo en el que vivimos está formado por sustancias individuales: cada animal, cada planta, cada persona. Y estas sustancias individuales pueden ser vistas como potencia o como acto. En acto este árbol mide dos metros, pero *puede* llegar a medir cuatro o más. La potencia no es la nada o la simple negación, es parte de la realidad. Dicho de otro modo, para Aristóteles la realidad incluye tanto lo que las sustancias son en acto como lo que son en potencia, sus posibilidades. De modo que el par acto-potencia nos sirve para explicar el ser de las cosas tanto como la continuidad en el cambio. El acto y la potencia no son dos "cosas" que se reúnen para formar la sustancia concreta; son dos modos de ver lo que es en realidad único, como lo que es o como lo que puede ser. Para Aristóteles sólo Dios es acto puro, sin potencia, todo él realizado en acto. Concretamente Dios sería el acto de pensarse a sí mismo.

"Todos los hombres por naturaleza desean saber", así comienza la **Metafísica** de Aristóteles. Por eso nos encanta ver, oír, tocar, gustar, porque así aprendemos; por eso nos gusta tanto que nos cuenten historias, porque queremos enterarnos de todo, por eso hacemos ciencia, porque por naturaleza somos animales curiosos, queremos aprender. La felicidad humana, pues, no es un estado, sino una actividad, consiste en investigar, aprender, buscar el conocimiento, además de convivir armónicamente y procurarnos un moderado grado de bienestar. Por ello, quien busca la felicidad es quien busca el saber, el genuino amante de la sabiduría, el filósofo en sentido original. Por ello todos somos en cierta medida filósofos.

—Pero no crees —preguntó Lucía— que a veces nos ocupamos tan sólo del bienestar y no de la convivencia o del saber.

—¿Y qué hay de malo? —preguntó espontánea Laura.

—Tenía por aquí anotada una frase de Aristóteles que me parece interesante:"Inteligencia deseosa o deseo inteligente, esta clase de principio es el hombre".

—Lo malo no es ocuparse del propio bienestar, lo malo es no saber integrar todas las fuerzas que bullen en nosotros, lo malo es no saber tejer todos los mimbres de los que estamos hechos, lo malo es sacrificar la convivencia o la lucidez esclavizándonos al deseo.

—Muy poético te ha quedado, Luis, hasta un punto cursi, pero poco realista —repuso Laura—. ¡Como si fuera fácil eso de integrar todas las fuerzas y tejer todos los no sé qué!

—Ya lo sé, no es fácil, al parecer es la tarea de una *vida lograda*. No sé siquiera si la vida de Aristóteles fue una vida lograda, no sabemos si en algún momento sufrió más de lo tolerable, pero parece que al menos fue una persona rodeada de familia y buenos amigos y, desde luego, empeñada como pocos en el amor al saber.

Aristóteles murió en Calcis de Eubea, hacia el final del verano del año 322, durante el mes que los atenienses llamaban *metagitnión*, aquejado probablemente por un cáncer o por una úlcera de estómago.

—¿Así?, ¿sin más?, ¿eso es todo? —preguntó Laura—, ¿vamos a acabar el trabajo así?

—Pues a mí me parece un final bastante redondo —me defendí—, con todo eso de la felicidad, la vida lograda y la muerte del protagonista, cierra los ojos, fundido a negro, en fin, ya sabes...

—Sí, pero don Garci esperaba más de nosotros: que resolviésemos el caso Alejandro.

—No hay caso —dijo Lucía—, Alejandro se murió un año antes que Aristóteles, Laurita, y eso es todo, agarró unas fiebres tifoideas y punto.

—Pero acuérdate —insistió Laura—, Alejandro había amenazado muy en serio a Aristóteles y había ejecutado brutalmente a Calístenes. ¿No crees que Aristóteles pudo haber envenenado al rey?

> En lo más íntimo, Aristóteles fue persona de afectos vivos. De la lectura de sus tratados y de su testamento (cuyo texto se conserva) obtenemos la impresión indudable de que sentía un profundo apego a sus padres y hermanos, de que trataba con cariño y dedicación a sus hijos y de que sintió un amor entre agradecido y apasionado por las dos mujeres con las que compartió su vida: su esposa, Pitias, y su amante Herpilis, a la que estuvo unido probablemente desde el fallecimiento de Pitias.

—Eso —protestó Lucía—, desde Atenas envenenó a Alejandro que estaba en Babilonia. "Televeneno", ¿no?

—Dale una oportunidad, Lucía, deja que Laura investigue a fondo el asunto, quizá nos convenza. Además, seguramente don Garci nos preguntará sobre este punto, él mismo parecía intrigado, y algo tendremos que decir...

—Si pregunta —ironizó Laura—, que le diga Lucía eso de se murió y punto.

—Está bien —cedió Lucía—, démonos un par de días. Yo buscaré los datos que pueda y tú, si no encuentras nada firme, procura por lo menos inventarte algo creíble.

Aristóteles después de Aristóteles

Don Garci, a su edad, había adquirido ya la mirada del anciano sabio, pero conservaba la endiablada curiosidad de un niño. Había leído con interés, y hasta —llegó a decirnos— "con fruición", nuestro borrador. Estaba —según aseguró— en líneas generales satisfecho, pero, como nos temíamos, no había olvidado en absoluto el caso Alejandro.

—Es un buen trabajo, muchachos, pero le falta un buen final.

—Bueno, el protagonista se murió —me defendí—. Ese es el final de todas las biografías, ¿no?

—Ese es el final de toda vida humana sobre la Tierra, pero no tiene por qué ser el de su relato —aclaró—. Además, una vez que se desencadena la curiosidad, o sea, esa especie de tensión hacia la verdad, hay que intentar resolverla; de lo contrario, quien lea la versión definitiva se sentirá algo defraudado, como me ha pasado a mí con este borrador. Si el otro día hablamos ante toda la clase de la posible implicación de Aristóteles en la muerte de Alejandro, algo tendrán que decir ahora sobre el caso, al menos cuál es su opinión.

—Pues verá —se adelantó Lucía anotándose el tanto con cierto descaro— hemos pensado mucho sobre el tema y creo que hemos llegado a conclusiones más que verosímiles.

—A ver, a ver —nos urgió don Garci—, ¿cuáles?

—Esto... —balbuceó Lucía— cuéntaselo tú, Laura, no voy a hacerlo yo todo.

—Sí, hemos escrito esto —intervino Laura después de lanzar una inequívoca mirada a Lucía—, pero no sabíamos si incorporarlo o no al trabajo:

Datos: Alejandro destituyó a su gobernador en Europa, Antípatro, y le ordenó reunirse con él en Babilonia. Antípatro no obedeció al rey; en lugar de ir él mismo a Babilonia envió a su hijo Casandro, quizá para intentar una negociación.

Conjetura: Casandro fracasó, no logró convencer al rey, quien se mantuvo en su decisión de destituir a Antípatro. Entonces Casandro decidió obrar por su cuenta. Optó por asesinar a Alejandro.

Datos: Casandro y Alejandro se odiaban desde los tiempos de Mieza, cuando los dos eran discípulos de Aristóteles. Siempre se temieron y odiaron mutuamente. Además, el rey se había convertido en una amenaza para las ambiciones del propio Casandro, que aspiraba a suceder a su padre como gobernador de Europa.

Conjetura: Casandro decide matar al rey, ¿pero cómo? Casandro sabe que el rey no se fía de él. Le recibirá, pero con mil precauciones. Llega a la conclusión de que necesitará un cómplice que esté próximo al rey, alguien en quien Alejandro confíe, alguien que, sin embargo, pueda tener motivos para querer la muerte del rey. No tarda en dar con un posible socio: su hermano Iolas.

Datos: Iolas está al servicio de Alejandro desde los tiempos de Mieza, pero no deja de ser hijo de Antípatro. Iolas es un simple mayordomo, el copero principal de Alejandro, no podría matar al rey ni siquiera con un puñal por la espalda. Aunque sí es cierto que estaba en la posición ideal para administrarle un veneno.

Conjetura: Casandro concluye que se requiere otro socio, alguien que sepa cómo manejar un veneno, o aun mejor, que le indique si existe un tóxico que no despierte sospechas, que produzca una muerte que parezca natural. Por supuesto, Casandro no pudo dejar de pensar en Teofrasto.

Datos: Teofrasto tiene amplísimos conocimientos de botánica y de historia natural, dispone de la mejor biblioteca de Grecia, es amigo de Casandro desde los tiempos de Mieza, y también era muy amigo de Calístenes. Es verdad que Teofrasto tiene el saber apropiado y los motivos suficientes para colaborar: fue él quien escribió un apasionado panfleto en contra de Alejandro cuando éste mató a Calístenes.

Conjetura: Teofrasto recibe un mensaje de Casandro y se pone a trabajar.

Datos: Existe un tratado hipocrático, que sin duda conocía Teofrasto, en el que se habla sobre los peligros de ciertas aguas.

Conjetura: Ya está. El veneno será el agua. Teofrasto escribe para Casandro una nota breve en clave, según los juegos que practicaban en Mieza. Le dice de dónde ha de tomar el agua y cómo debe manejarla.

Datos: Antiguas leyendas sobre la muerte de Alejandro hablan de que el veneno, en realidad, no fue sino agua contaminada que le produjo algo parecido a fiebres tifoideas, y que fue transportado en el seno de pezuñas de asno.

Conjetura: Cuando Alejandro supo que Casandro estaba en Babilonia empezó a tomar precauciones inusuales: decidió pedir a Iolas que probase el vino aguado antes de servirlo. Iolas no tuvo más remedio que probarlo. Alejandro bebió después en grandes cantidades.

Datos: Casandro salió precipitadamente de Babilonia. Alejandro murió tras una larga y febril agonía. Más tarde falleció también Iolas de la misma enfermedad.

—¿Les he entendido bien? —se asombró don Garci—, ¿están sugiriendo que Alejandro fue víctima de un complot tramado por Casandro, Iolas y Teofrasto?

—Exacto —se ufanó Lucía.

—Pero recuerde —rebajó el entusiasmo Laura— que son sólo conjeturas.

—No seas ahora tan modesta —replicó Lucía ya irrefrenable—, si es que hasta hemos encontrado la prueba del entendimiento entre Casandro y Teofrasto.

Datos: Cuando murió su padre, Casandro logró primero el control de Atenas, donde dejó como gobernador a Demetrio de Falero, uno de los discípulos predilectos de Teofrasto. Después se hizo coronar como rey de Macedonia en el año 306, y desde esta posición dio siempre protección al Liceo, que desde la muerte de Aristóteles había pasado a manos de Teofrasto.

—¿Qué le parece? —preguntó Lucía con cierto orgullo—, ¿ahora está acabado el trabajo?

—Si fueran científicos habrían hecho sólo la mitad del camino. Las conjeturas, por buenas que sean, han de ser sometidas a prueba, hay que intentar refutarlas. Sólo después de intentos serios e infructuosos de refutación se puede depositar una cierta confianza en nuestras conjeturas. Pero no son científicos todavía, así que podemos dar por concluido *su* trabajo.

Supimos a qué venía el énfasis en "su" cuando tuvimos que exponer el trabajo ante toda la clase. Efectivamente *nuestro* trabajo estaba concluido, pero no el de don Garci. Él completó nuestra intervención contándonos lo que sucedió con Aristóteles después de Aristóteles, es decir, nos relató la extravagante peripecia que corrieron las obras de Aristóteles.

Teofrasto sucedió a Aristóteles en la dirección del Liceo, que ocupó desde 322 hasta 288. Demetrio de Falero, discípulo de Teofrasto, destacó por su actividad política. Fue el jefe del gobierno ateniense desde el 317 hasta el 307. Pero también fue quien animó a los gobernantes de Alejandría a que fundaran allí una biblioteca a imagen de la del Liceo. Demetrio fue el eslabón entre el Liceo ateniense y la brillante investigación científica que se llevó a cabo en Alejandría, inspirada, sin duda, en la enseñanza de Aristóteles. Sin embargo, en Atenas, la vida del Liceo prosiguió en un clima de mediocridad y monotonía desconsoladoras hasta el final de la era pagana.

¿Por qué entró el Liceo en una crisis tan grave? Porque Teofrasto legó los edificios y el jardín a la escuela, pero la biblioteca, que contenía los escritos de Aristóteles, fue a parar a un discípulo suyo, quien se la llevó a Asia Menor. Los herederos de éste escondieron los libros en una bodega por miedo a que cayesen en manos de los reyes atálidas. Allí permanecieron ocultos y deteriorados hasta que alguien los rescató y los llevó de nuevo a Atenas, de donde pasaron a Roma confiscados por el dictador romano Sila.

Andrónico de Rodas fue el undécimo jefe del Liceo. Se trasladó a Roma y consiguió rescatar los textos y editarlos ordenadamente para ponerlos a disposición de los sabios de la época y en general de la humanidad posterior. Esto sucedió entre el 40 y el 20 a.C. Gracias a la labor de Andrónico se conoce actualmente la obra de Aristóteles. Curiosamente, cuando fueron recuperadas y editadas las notas que Aristóteles usaba para sus clases, las obras públicas del filósofo empezaron a parecer, por comparación, menos profundas e interesantes y dejaron de copiarse. El resultado fue que han llegado hasta nosotros las primeras y se han perdido las segundas.

Tras la edición de Andrónico muchos fueron los sabios griegos, latinos y bizantinos que leyeron y comentaron los textos de Aristóteles. Pero a comienzos de la Edad Media estos textos fueron de nuevo prácticamente ignorados y diluidos en una especie de eclecticismo neoplatónico. Sólo los científicos árabes (como Avicena y Averroes) y judíos (como Maimónides) mantuvieron vivo el aristotelismo durante varios siglos. Guillermo de Moerbeke tradujo al latín, en el siglo XIII, la totalidad de la obra conservada de Aristóteles, y Tomás de Aquino la comentó con lucidez y profundidad. Gracias a intelectuales como ellos por fin los europeos medievales recuperaron las enseñanzas de Aristóteles. Hasta tal punto fue influyente durante los últimos siglos de la Edad Media que Dante llegó a llamar a Aristóteles "el maestro de los sabios".

Alfredo Marcos

Durante el siglo XIX el estudio de la obra de Aristóteles conoció un nuevo impulso gracias a la edición cuidada y completa de su obra debida a Bekker. En esta edición se basan actualmente los estudios aristotélicos. En este mismo siglo, Darwin llegó a decir que de Aristóteles había aprendido más biología que de cualquier otro autor, y Hegel escribió: "Aristóteles es uno de los genios científicos más ricos y profundos que hayan existido jamás, un hombre al que ninguna época ha podido superar".

—Como ven —concluyó don Garci—, la obra de Aristóteles ha impresionado por su amplitud, profundidad y lucidez a antiguos, modernos y medievales, a judíos, cristianos y árabes, a científicos, filósofos y humanistas, a gentes de todas las épocas, religiones y culturas. Pero quizá hoy día estemos en la mejor posición histórica para *empezar* a comprender las enseñanzas de Aristóteles. Aún en la actualidad —o mejor dicho: sobre todo en la actualidad y cada día más— son muchos los científicos, filósofos, humanistas, políticos, artistas... que consideran la obra de Aristóteles como fuente de inspiración. Ustedes han descubierto, además, que el "maestro de aquellos que saben" fue una persona de carne y hueso, metido en las intrigas de la época, quizás enamorado, rodeado de familia y amigos a los que quería, de discípulos fieles, entusiasmado por el estudio de los seres vivos, dotado de una curiosidad casi universal y de una sabiduría y sensatez proverbiales.

Cronología

Año 1 de la Olimpiada 99 (384-3 a.C.): Nace Aristóteles en Estagira.

Año 1 de la Olimpiada 101 (375-6 a.C.): Aristóteles visita Atenas con su padre (?).

En esta época la familia se traslada a Pela, capital de Macedonia.

3/102 (370-69): Muere Amintas III de Macedonia, padre de Alexandros, Pérdicas y Filipo. Le sucede Alexandros II.

4/102 (369-8): Revuelta en Macedonia: Ptolomeo Alorus arrebata el poder a Alexandros II.

Es probable que por entonces murieran los padres de Aristóteles. Él es acogido por su hermana Arimneste y su cuñado Proxeno.

1/103 (368-7): Aristóteles se traslada a Atenas. Comienza su estancia en la Academia platónica.

4/103 (365-4): Macedonia: vuelve la línea dinástica con Pérdicas III.

Atenas: Platón regresa de su segundo viaje a Sicilia.

4/104 (361-60): Tercer viaje de Platón a Sicilia.

1/105 (360-59): Muere Pérdicas III. Su hermano Filipo es nombrado regente.

4/105 (357-6): Filipo II es coronado rey de Macedonia. Se casa con Olimpia.

3/106 (354-3): Muere Eudemo de Chipre, amigo de juventud de Aristóteles.

1/108 (348-7): Filipo destruye la ciudad de Olinto, antes había destruido Estagira. Aristóteles sale de Atenas. Comienza la época de los viajes. Muere Platón (probablemente en este orden).

2/108 (347-6): Aristóteles se reúne en Asos con Teofrasto y Calístenes.

4/108 (345-4): Aristóteles con sus colaboradores se traslada a Mitilene.

2/109 (343-1): Aristóteles se desplaza a Mieza, en Macedonia, donde ejerce como preceptor de Alejandro, el hijo de Filipo.

1/110 (340-39): Muere Hermias de Atarneo. Aristóteles se casa con Pitias. Probablemente por entonces adopta a Nicanor, el hijo de Arimneste y Proxeno. Se establecen en Estagira.

3/110 (338-7): Filipo vence a los griegos en Queronea. Se convierte en líder hegemónico.

1/111 (336-5): Nace la hija de Aristóteles, Pitias. Muere su esposa. Filipo es asesinado y le sucede su hijo Alejandro Magno. Por esta época Aristóteles se une a Herpilis.

2/111 (335-4): Los griegos se sublevan y Alejandro responde destruyendo Tebas. Aristóteles se establece de nuevo en Atenas. Comienza su labor en el Liceo. Nace Nicómaco, hijo de Aristóteles y Herpilis.

3/111 (334-3): Alejandro parte hacia Asia, y con él Calístenes, sobrino y colaborador de Aristóteles.

2/113 (327-6): Calístenes es ejecutado por orden de Alejandro, quien ha conquistado ya la mayor parte de su Imperio.

1/114 (324-3): Muere Alejandro en Babilonia.

2/114 (323-2): Aristóteles sale de Atenas hacia su exilio en Calcis de Eubea. Antípatro, gobernador de Macedonia, se enfrenta a los atenienses, es sitiado en Lamia.

3/114 (322-1): Muere Aristóteles en Calcis de Eubea. Teofrasto se hace cargo del Liceo. Antípatro vence a los atenienses en Cranón.

Bibliografía

Las obras de Aristóteles

Las obras de Aristóteles, a pesar de que fueron escritas originariamente en griego, se citan frecuentemente por su título latino o bien en abreviatura. Se suele utilizar como numeración estándar la de la edición de Bekker (1831).

Título latino	Título en español	Abreviaturas más frecuentes
Categoriae	Categorías	Cat., Catg.
De Interpretatione	Sobre la interpretación	De Int., Int., DI
Analytica Priora	Primeros Analíticos	An. Pr., APr., Pr. An.
Analytica Posteriora	Segundos Analíticos	An. Post., APo., APst., Post. An.
Topica	Tópicos	Top.
De Sophisticis Elenchis	Sobre las refutaciones Sofísticas	SE, Soph. El.
Organon	Organon (título conjunto para los seis tratados anteriores)	
Physica	Física	Phys.
De Caelo	Sobre el cielo	GC, De Gen. Et Corr.

Título latino	Título en español	Abreviaturas más frecuentes
De Generatione Corruptione	Sobre la generación y la corrupción	De Cael., DC, et Cael.
Meteorologica	Meteorológicos	Meteor., Metr.
De Anima	Sobre el alma	An., De An., DA
De Sensu et Sensibilibus	Sobre la sensación y lo sensible	Sens., SS
De Memoria Reminiscentia	Sobre la memoria y la reminiscencia	Mem., Mem. Et et Rem.
De Somno et Vigilia	Sobre el sueño y la vigilia	Somn., Somn. Et Vig.
De Insomniis	Sobre los sueños	Insomn.
De Divinatione per Somnum	Sobre la adivinación mediante los sueños	Div., Div. Somn.
De Longitudine et Brevitate Vitae	Sobre la vida larga y breve	Long., Long. Vit.
De Juventute et Senectute	Sobre la juventud y la vejez	Juv.
De Respiratione	Sobre la respiración	Resp.
Parva Naturalia	Pequeños tratados de historia natural (título conjunto que se da a los ocho tratados anteriores)	PN
Historia Animalium	Historia de los animales	Hist. An., HA
De Partibus Animalium	Sobre las partes de los animales	PA, Part. An.
De Motu Animalium	Sobre el movimiento de los animales	MA
De Generatione Animalium	Sobre la generación de los animales	GA

Título latino	Título en español	Abreviaturas más frecuentes
De Incessu Animalium	Sobre la locomoción de los animales	IA
Metaphysica	Metafísica	Met., Metaph.
Ethica Nicomachea	Ética nicomaquea	Eth. Nic., EN
Ethica Eudemia	Ética eudemia	Eth. Eud., EE
Magna Moralia	Gran ética	MM
Politica	Política	Pol.
Rhetorica, Ars Rhetorica	Retórica	Rhet.
Poetica	Poética	Poet.
Atheniensium respublica	La constitución de los atenienses	
Oeconomica	Económicos	

Sólo nos han llegado **fragmentos** de los siguientes textos:

Grillo o sobre la retórica, Simposio, Sofista, Eudemo o sobre el alma, Nerinto, Menéxeno, Erótico, Protréptico o exaltación de la filosofía, Sobre la riqueza, Sobre la oración, Sobre la nobleza de nacimiento, Sobre el placer, Sobre la educación, Sobre la monarquía, Alejandro o sobre las colonias, Política, Sobre los poetas, Sobre la filosofía, Sobre la justicia, Problemas, Divisiones, Huellas para argumentaciones, Sobre los contrarios, Sobre el bien, Sobre las ideas, Sobre los pitagóricos, Sobre la filosofía de Arquitas, Sobre Demócrito.

Algunas obras se han perdido, entre ellas una colección de dibujos o *Planchas anatómicas*, elaborados probablemente durante las sesiones de disección en el Liceo, un libro *Sobre las plantas* y otro *Sobre los animales legendarios*.

Otras fuentes bibliográficas

Ackrill, J.L., *La filosofía de Aristóteles*. Monte Ávila, Caracas, 1987.

Barnes, J., *Aristóteles*. Cátedra, Madrid, 1999.

Brun, J., *Aristóteles y el Liceo*. Eudeba, Buenos Aires, 1963.

Calvo, T., *Aristóteles y el aristotelismo*. Akal, Madrid, 1996.

Chroust, A.H., *Aristotle: New Light on His Life and on Some of His Lost Works*. Routledge & Kegan Paul, Londres, 1973.

Conill, J. y J. Montoya, *Aristóteles: sabiduría y felicidad*. Cincel, Madrid, 1985.

Diógenes, Laercio, *Vida de los filósofos*. Espasa, Madrid, 1949.

Düring, I., *Aristóteles. Exposición e interpretación de su pensamiento*. UNAM, México, 1990.

Heller, A., *Aristóteles y el mundo antiguo*. Península, Barcelona, 1983.

Jaeger, W., *Aristóteles: bases para la historia de su desarrollo intelectual*. F.C.E., México, 1946.

Lear, J., *Aristóteles: el deseo de comprender*. Alianza, Madrid, 1994.

Marcos, A., *El testamento de Aristóteles. Memorias desde el exilio*. Edilesa, León, 2000.

Moreau, J., *Aristóteles y su escuela*. Eudeba, Buenos Aires, 1972.

Mosterin, J., *Aristóteles*. Vol. IV de *Historia de la filosofía*. Alianza, Madrid, 1984.

Plutarco, *Vidas paralelas*, Cátedra, Madrid, 1999.
Reale, G., *Introducción a Aristóteles*. Herder, Barcelona, 1985.

Selección de páginas web

http://www.cibernous.com/autores/aristoteles/
http://www.webdianoia.com/aristoteles/aristoteles_text.htm
http://classics.mit.edu/Browse/browse-Aristotle.html
http://www.utm.edu/research/iep/a/aristotl.htm
http://www.ucmp.berkeley.edu/history/aristotle.html
http://www.newadvent.org/cathen/01713a.htm
http://www.island-of-freedom.com/ARISTOT.HTM
http://www.molloy.edu/academic/philosophy/sophia/aristotle/aristotle.htm

Sumario

9
En la corte macedonia
(384-368 a.C.)

19
Atenas y la Academia platónica
(368-348 a.C.)

37
Los viajes (348-336 a.C.)

55
El regreso a Atenas y la fundación
del Liceo (335-323 a.C.)

71
El exilio en Eubea (323-322 a.C.)

83
Aristóteles después de Aristóteles

91
Cronología

95
Bibliografía

Este libro se terminó de imprimir en el mes de abril
del año 2005 en los talleres bogotanos
de Panamericana Formas e Impresos S. A.
En su composición se utilizaron tipos
Sabon, Bodoni Poster y Akzidens Grotesk
de la casa Adobe.

SP
B A717M

Marcos, Alfredo
Aristoteles : el maestro de
los que saben
Ring ADU CIRC
12/06